PREPROSTO RIŽOTA

100 ELEGANTNIH RECEPTOV OD KLASIČNIH DO SODOBNIH

Ema Jenko

Vse pravice pridržane.

Zavrnitev odgovornosti

Informacije v tej e-knjigi naj bi služile kot obsežna zbirka strategij, o katerih je avtor te e-knjige raziskal. Povzetki, strategije, nasveti in triki so le priporočilo avtorja in branje te e-knjige ne zagotavlja, da bodo rezultati natančno odražali rezultate avtorja. Avtor e-knjige se je po svojih najboljših močeh trudil zagotoviti aktualne in točne informacije za bralce e-knjige. Avtor in njegovi sodelavci ne odgovarjajo za morebitne nenamerne napake ali pomanjkljivosti. Gradivo v e-knjigi lahko vključuje informacije tretjih oseb. Gradiva tretjih oseb so sestavljena iz mnenj, ki so jih izrazili njihovi lastniki. Kot tak avtor e-knjige ne prevzema odgovornosti za gradivo ali mnenja tretjih oseb. Bodisi zaradi napredka interneta ali nepredvidenih sprememb v politiki podjetja in smernicah za uredniško oddajo, lahko tisto, kar je v času tega pisanja navedeno kot dejstvo, kasneje postane zastarelo ali neuporabno.

E-knjiga je avtorsko zaščitena © 2024 z vsemi pravicami pridržanimi. Nadaljnja distribucija, kopiranje ali ustvarjanje izpeljanega dela iz te e-knjige v celoti ali delno je nezakonito. Nobenega dela tega poročila ni dovoljeno reproducirati ali ponovno prenašati v kakršni koli reproducirani ali ponovno posredovani obliki brez pisnega in podpisanega dovoljenja avtorja.

KAZALO VSEBINE

KAZALO VSEBINE 4

UVOD 8

    KAKO PRIPRAVITI RIŽOTO 8
    KAKO ZMEŠATI RIŽOTO 9
    KATERI RIŽ ZA RIŽOTO UPORABITI 9
    KOLIKO RIŽA ZA RIŽOTO UPORABITI 9
    DA ZAGOTOVITE POPOLNO RIŽOTO: 10

SVINJSKA RIŽOTA 12

    1. RIŽOTA Z GRAHOM IN ŠUNKO 13
    2. PRIMAVERA RIŽOTA S ŠUNKO IN ŠPARGLJI 17
    3. RIŽOTA S SLANINO IN PARADIŽNIKOM 21
    4. PANCETA RIŽOTA Z RADIČEM 24
    5. RIŽOTA S KLOBASAMI IN RADIČEM 28
    6. KOSTANJEVA RIŽOTA Z ZELIŠČI 31
    7. CIAO MEIN RIŽOTA 34
    8. ITALIJANSKA RIŽOTA S KLOBASAMI 37
    9. RIŽOTA-OREGON LEŠNIKI-KLOBASA 40
    10. BUČNA RIŽOTA 43

RIŽOTA GOVEDINA & JAGNJETINA 46

    11. TELEČJE NOGE Z ŽAFRANOVO RIŽOTO 47
    12. RIŽOTA Z GOVEDINO IN ROZINAMI NA ŽARU 50
    13. PEČENA BOLONJSKA RIŽOTA 54
    14. RIŽOTA Z JAGNJEČJO ENOLONČNICO 58
    15. OSSO BUCO CON RISOTTO 62
    16. GOVEJI FILE IN POROVA RIŽOTA 65

PERUTNINSKA RIŽOTA 69

17. Piščančja rižota z ohrovtom..................70
18. Bučna rižota z raco..........................74
19. Piščančja rižota s parmezanom................77
20. Ječmenova rižota s piščancem.................81
21. Rižota z umazanim rižem......................84
22. Rižota iz račjih jeter.......................87

ZELENJAVNA RIŽOTA..................91

23. Zelenjavna rižota............................92
24. Butternut squash rižota......................95
25. Rižota s čedarjem in mlado čebulo............98
26. Rižota z rdečo peso.........................101
27. Rižota z bučkami............................104
28. Zelenjavna rižota verde.....................108
29. Česnova rižota s prepelico..................111
30. Rižota iz artičok...........................115
31. Žafranova rižota............................118
32. Orzo rižota s cavolo nero...................121
33. Mešanica za rižoto Bulgur...................124
34. Jesenska zelenjavna rižota..................127
35. Koromačeva rižota s pistacijami.............132
36. Rižota s špinačo in tofujem.................135
37. Rižota z medom in praženim ječmenom.........138
38. Rižota iz sladkega krompirja z zelišči......141
39. Rižota v mikrovalovni pečici................144
40. Japonska rižota z gobami....................147
41. Spomladanska zelenjavna rižota..............150
42. Balzamična rižota...........................153
43. Borovničeva rižota z jurčki.................156
44. Rižota s korenčkom in brokolijem............159
45. Rižota z lisičkami..........................163

GOBOVA RIŽOTA..................166

46. Rižota z jurčki in tartufi..................167

47. Puschlaver rižota 170
48. Rižota s šampanjcem 174
49. Gobova rižota s pecorinom 177
50. Rižota z divjim rižem in gobami 181
51. Rižota z gobami in špinačo 185
52. Rižota z gobami 188
53. Rižota z jajci in fižolovimi kalčki 192
54. Paradižnikova rižota in gobe 196
55. Rižota s šparglji in gobami 200
56. Rižota z jesensko zelenjavo 204

VEGANSKA RIŽOTA 208

57. Veganska rižota 209
58. Veganska gobova rižota 213
59. Pirina rižota z gobami 218
60. Rižota z bučkami in grahom 222
61. Rižota s porom in parmezanom 225
62. Zeljna rižota 228

RIŽOTA MORSKA 231

63. Rižota s kozicami in pokrovačami 232
64. Rakova rižota s špinačo in grahom 235
65. Rižota z vročim dimljenim lososom 239
66. Rižota z rakovico na rjavem maslu 242
67. Rižota s školjkami 245
68. Rižota s školjkami 249
69. Rižota s kozicami po cajunsko 253
70. Rakov kolač in rižota z zeleno čebulo 256
71. Lososova rižota 261
72. Rižota z rakci 265
73. Ribja rižota z rožmarinom na žaru 268
74. Rižota s ciplami 272
75. Rižota s karijevim jastogom 275
76. Rižota z rakovim mesom 279

77. Rižota s kozicami in sladkimi šiškami......282
78. Rižota s kalamari......286
79. Rižota morske spake z žafranom......290
80. Rižota marinara......293
81. Rižota s škampi......297

SIRNA RIŽOTA......300

82. Sirna pečenka koruzne rižote......301
83. jotska rižota......304
84. Kuskus rižota s pekorinom......307
85. milanska rižota......310
86. Rižota s tremi siri......314
87. Jalapeño rižota s sirom......317
88. Rižota s štirimi siri......320
89. Rižota s porom in mascarponejem......323
90. Pesto orehova rižota......326
91. Rižota z osmimi zelišči......329
92. Rižota s penečim belim vinom......332

SADNA RIŽOTA......335

93. Jabolčna rižota......336
94. Rižota z mangom......339
95. Jagodna rižota......343
96. Palačinke z jagodno rižoto......346
97. Rižota z bučo in jabolkom......349
98. Rižota z okusom pomaranče......353
99. Rižota z breskvami in rozinami......356
100. Citrusova rižota......360

ZAKLJUČEK......363

UVOD

Kako pripraviti rižoto
Osnova rižote je neverjetno preprosta, le na drobno narezana čebula, ki jo na maslu ali olju rahlo prepražimo, dokler se ne zmehča. Riž nato premešamo in prepražimo s čebulo in maščobo, da se zrna riža segrejejo, preden se doda tekočina.

Vino in juha dasta rižu večino njegovega okusa, zato uporabite spodobno belo vino (tako, ki bi ga z veseljem popili preostanek steklenice). Če imate doma narejeno zalogo, je to idealno, vendar ne skrbite, če ne. Na voljo je veliko kakovostnih že pripravljenih zalog in zalog, ki jih lahko preizkusite. Najbolje je, da juha pred dodajanjem počasi vre, saj to pomaga ohranjati kuhanje riža, čeprav temperatura ne pada nenehno.

Pravilno dokončanje rižote je zelo pomembno. Ko je riž kuhan (mora biti še malo zagrizen, vendar ne sme biti kredast), vanj stepemo nariban parmezan in maslo, nato pa rižoto pustimo stati 2 minuti, da se vse sestavine pomešajo.

Kako zmešati rižoto

Nenehno mešanje, ki ga povezujemo z rižoto, se zgodi z razlogom. To mešanje pomeni, da se riževa zrna drgnejo drugo ob drugo, kar pomaga sprostiti škrob iz zrn v osnovo za tisti klasičen umazan zaključek. Najbolje je, da za to uporabite široko, globoko ponev ali ponev za praženje, saj to pomeni, da se lahko riž premika, široka površina pa omogoča, da tekočina enakomerno izhlapi.

Kateri riž za rižoto uporabiti

Rižota uporablja kratkozrnat riž iz Italije. Tri najpogostejše sorte so Arborio, carnaroli in vialone nano, ki se uporabljajo glede na regijo. Riž za rižoto ima določen značaj, kar pomeni, da med kuhanjem ohrani svojo obliko, vendar s površine sprosti veliko škroba, tako da ko se pomeša s tekočino, dobi klasično kremasto rižoto.

Koliko riža za rižoto uporabiti

Potrebovali boste od 50 do 75 g riža na osebo, odvisno od tega, ali postrežete majhno skledo kot predjed ali večjo glavno porcijo.

Da zagotovite popolno rižoto:

- Uporabite riž Arborio in ga nikoli ne perite.

- Uporabite širok lonec z debelim dnom. Lonca nikoli ne pokrijte.

- Vaša rižota je toliko dobra, kolikor je dobra juha, ki jo uporabljate, zato poskrbite, da bo bogata in aromatična. Nevegetarijanci lahko eksperimentirajo s čekovimi in govejimi zalogami.

- Zalogo dodajte eno zajemalko naenkrat. Ne pustite, da tekočina v ponvi popolnoma izhlapi, preden dodate več. Ogenj pod rižem naj bo srednji, tekočina pa naj hitro zavre.

- Pustite, da se lonec jušne juhe kuha na zadnjem gorilniku in dodajte zajemalko vsakič, ko se zdi, da je riž vpil večino tekočine. Verjetno ne boste porabili vse zaloge, ki je zahtevana v vsakem receptu, vendar je bolje, da segrejete dodatno zalogo, kot da tvegate, da je ne boste imeli dovolj.

- Pogosto mešajte, še posebej, ko je riž skoraj pripravljen. Vendar med kuhanjem rižote ni treba stati pred loncem in nenehno mešati.
- Riž mora biti čvrst, a mehak, brez trde sredice.
- Rižoto odstavite z ognja takoj, ko je kuhana. Postrezite takoj.

Z malo znanja (in nekaj pomirjujočega, meditativnega mešanja) je kremasta, z umamijem bogata rižota s popolno kuhanim rižem zagotovljena. Tukaj je opisano, kako obvladati to klasično jed in narediti našo najboljšo rižoto z morskimi sadeži.

SVINJSKA RIŽOTA

1. Rižota z grahom in šunko

Služi 4

Sestavine:

- skočni sklep neprekajene šunke 1 kg
- korenček, čebula in zelena palčka vsake po 1, sesekljane
- garni šopek 1
- črni poper v zrnu 1 čajna žlička

Rižota

- ploščati peteršilj majhen šopek, liste in stebla nasekljamo
- maslo 2 žlici
- olivno olje 2 žlici
- čebula 1 velika, narezana na kocke
- česen 2 stroka, zdrobljen
- riž za rižoto 300 g
- belo vino 150 ml
- zamrznjen grah 400 g
- parmezan 50g, nariban

navodila:

a) Skočni sklep operemo in damo v večjo ponev s preostalo osnovo ter peteršiljevimi stebli iz rižote.

b) Zalijemo s pravkar zavrelo vodo in pokrito dušimo 3-4 ure, pri čemer posnamemo morebitne nečistoče, ki privrejo na površje, in po potrebi dolijemo, dokler se meso ne odlepi od kosti. Skočni sklep odstranite iz tekočine in rahlo ohladite.

c) Precedite in okusite juho (naj bo 1,5 litra) - mora biti precej slana in z veliko arome. Prelijemo v ponev na majhnem ognju.

d) V globoki ponvi na zmernem ognju segrejte 1 žlico masla in olje. Čebulo pražimo 10 minut do mehkega. Stresemo česen, pražimo 1 minuto nato dodamo riž in kuhamo 2-3 minute, da se riž popeče.

e) Prilijte vino in brbotajte, dokler skoraj ne izgine, nato dodajte jušno juho, zajemalko naenkrat, in redno mešajte

20–25 minut ali dokler riž ni mehak in kremast.

f) S skočnega sklepa šunke odstranimo kožo, meso nasekljamo in zavržemo kosti.

g) V rižoto vmešamo večji del šunke in ves grah. Mešajte, dokler se grah ne zmehča. Odstavite z ognja, dodajte parmezan in preostalo maslo, pokrijte in počivajte 10 minut.

h) Potresemo s preostalo šunko, kančkom olja in peteršiljem.

2. Primavera rižota s šunko in šparglji

Služi 6

Sestavine:

- prekajen pršut 1 kos, po potrebi namočen čez noč
- korenček 1
- nesoljeno maslo 100 g, narezano na kocke
- čebula 3 srednje, 2 drobno narezane
- česen 2 stroka
- vejica timijana, drobno sesekljana
- riž za rižoto 200 g
- biserni ječmen 200 g
- grah 150 g
- fižol 150 g, po želji dvojni strok
- 6 kolic špargljev, narezanih pod kotom
- mlada čebula 4, narezana pod kotom
- 20 stročjih fižolov, narezanih na kratke kose
- mascarpone 100g

- parmezan 85g, nariban

navodila:

a) Skočni sklep šunke damo v lonec, poln čiste, hladne vode, skupaj s korenčkom in prepolovljeno čebulo.

b) Pustite vreti in kuhajte 2 uri in pol, občasno posnemajte površino. Po potrebi posodo dolijte z vodo.

c) V močni ponvi stopite maslo in dodajte čebulo, česen in timijan. Kuhamo, dokler se ne zmehčajo, a ne obarvajo.

d) Dodajte riž in biserni ječmen ter kuhajte nekaj minut, dokler se ne prekrijeta z maslom. Med mešanjem postopoma prilivamo osnovo iz šunke in zelenjave.

e) Po približno 15-20 minutah mešanja in dušenja boste porabili skoraj vso juho. Okusite svojo rižoto in če ste zadovoljni s teksturo, rižoto odstavite s štedilnika, vendar jo držite blizu.

f) Zavrite ponev z vodo in vso zeleno zelenjavo razen mlade čebule blanširajte 30 sekund. Odcedimo in stresemo v rižoto.

g) Rižoto ponovno pristavimo na zmeren ogenj in vanjo vmešamo zelenjavo, mlado čebulo in šunko ter pustimo, da se vse skupaj segreje in začini. Vmešamo mascarpone in nariban parmezan ter postrežemo.

3. Rižota s slanino in paradižnikom

Služi 2

Sestavine:

- olje za cvrtje
- čebula 1, drobno sesekljana
- česen 1 strok, zdrobljen
- slanina 4 hrbtni lističi, drobno sesekljani
- riž za rižoto ali carnaroli ali arborio 200g
- sveža piščančja osnova, dopolnjena do 1 litra
- češnjevih paradižnikov 12, po želji odstranite peclje

navodila:

a) V široki ponvi segrejemo malo olja in nekaj minut rahlo pražimo čebulo, da se zmehča, dodamo česen in polovico slanine ter vse skupaj popražimo.

b) Dodamo riž in dobro premešamo, nato dodajamo juho po nekaj zajemalkah naenkrat, vsako količino mešamo, dokler se popolnoma ne vpije in rižota postane kremasta, vendar še vedno zadrži majhen grižljaj (morda vam ne bo treba porabiti vse juhe).).

c) Medtem segrejemo drugo ponev z malo olja in na močnem ognju popečemo preostalo slanino s paradižnikom, da porjavi. Rižoto z žlico postrežemo.

4. Panceta rižota z radičem

Služi 2

Sestavine:

- maslo 25g
- olivno olje 2 žlici
- šalotke 4, drobno narezane
- dimljena panceta 75g, na kocke
- radič 1, približno 225g
- riž za rižoto 225g
- piščančja juha 500-600 ml
- panceta 4-6 tanko narezanih rezin
- polnomastna kremšnita 2 žlici
- parmezan 25-50g, drobno nariban

navodila:

a) V manjši posodi stopite maslo in olivno olje. Dodamo šalotko in rahlo pražimo do mehkega. Dodamo na kocke narezano panceto in med mešanjem še naprej kuhamo, da postane skoraj hrustljava. Medtem radiču odrežemo zgornjo polovico in ga natrgamo. Spodnjo polovico narežite na tanke zagozde, obrežite korenino, vendar je zadaj pustite dovolj, da zagozde držijo skupaj.

b) V ponev dodamo riž, minuto ali dve hitro mešamo, nato dodamo nastrgan radič in zajemalko jušne osnove. Kuhajte na rahlem vrenju, občasno premešajte in dodajte več jušne osnove, ko se vpije.

c) Medtem segrejemo litoželezno ponev in na obeh straneh popečemo rezine radiča, da rahlo zoglenejo. Odstranite in postavite na stran.

d) Segrejemo ponev in rezine pancete na suho prepražimo, da maščoba zlato porumeni. Odstranite iz ponve in postavite na stran – postali bodo hrustljavi.

e) Ko je riž skoraj kuhan, a še vedno dobro ugriznjen (približno 20 minut), preverite, ali so začimbe, ugasnite ogenj, dodajte crème fraîche in dodatno maslo, dobro premešajte, posodo pokrijte in pustite 5 minut. Tik preden postrežemo, vmešamo na oglju pečene radiče.

f) Vsak krožnik potresemo s hrustljavo panceto in parmezanom.

5. Rižota s klobasami in radičem

Služi 4

Sestavine:

- pikantna klobasa 175 g (po možnosti italijanska, na voljo v delikatesah)
- oljčno olje 6 žlic
- čebula 1 majhna, drobno sesekljana
- česen 2 stroka, drobno sesekljan
- arborio riž 200 g
- Italijansko rdeče vino 500 ml
- piščančja juha 500 ml
- radič 1 manjša glava (približno 175 g), obrezana in narezana
- maslo 25g
- parmezan 30g, plus več za postrežbo

navodila:

a) Klobaso olupimo in narežemo na koščke, velike približno kot oreh, ter jih zvaljamo v kroglice. V široki, težki ponvi segrejemo olivno olje, dodamo klobaso in jo dobro prepražimo.

b) Dodamo čebulo in kuhamo, dokler se le ne zmehča. Dodamo česen, kuhamo 1 minuto, dodamo riž in premešamo, da ga prekrije sok. Vino dodajajte po malem, nenehno mešajte in dodajte šele, ko se zadnja količina vpije.

c) Zdaj dodajte juho, zajemalko naenkrat in nenehno mešajte. Približno 25 minut bo trajalo, da vse skupaj premešamo. Po približno 15 minutah dodamo radič in premešamo.

d) Preden začinite, poskusite, vmešajte maslo in parmezan, nato postrezite z malo dodatnega parmezana ob strani.

6. Kostanjeva rižota z zelišči

Dobitek: 6 obrokov

Sestavine

- 500 gramov kostanja
- 400 gramov riža
- 150 gramov klobas
- 1 mlada čebula
- 2 žlici enojne smetane
- 20 gramov masla
- 70 gramov parmezanskega sira; Nariban
- lovorjev list
- Nageljnove žbice
- Stock ali Stock Cube
- Sol

navodila:

a) Kostanj olupimo in skuhamo v rahlo osoljeni vodi z enim lovorovim listom in nekaj nageljnovih žbic.

b) Ko so dobro pečeni, jih odstavimo s štedilnika in jim odstranimo notranje lupine.

c) 15 najlepših celih kostanjev damo na stran, ostale pa pretlačimo skozi sito. Na malo masla prepražimo zelo drobno narezano mlado čebulo, dodamo kostanjev pire, smetano in riž. Rižoto skuhamo z vročo osnovo.

d) Vzemite majhno ponev in na preostalem maslu nekaj minut pražite nadrobljeno klobaso. Dodamo cele kostanje, ki smo jih odstavili, ogenj zmanjšamo na najnižjo stopnjo in na kratko dušimo.

e) Ko je riž pripravljen, ga začinimo s parmezanom, ga v obliki obroča razporedimo po okroglem servirnem krožniku, na sredino pa damo klobaso in cele kostanje z omako.

7. Ciao mein rižota

Dobitek: 12 obrokov

Sestavine:

- 3 skodelice belega vina
- 7 unč pršuta; šunka
- 4 žlice masla; nasoljena
- 1 ščepec žafrana
- 1 čajna žlička soli
- 7 unč sira Romano
- ½ skodelice rumene čebule
- 1 čajna žlička česna; sesekljan
- 2 funta riža; Rižota
- 3 unče jurčkov; posušeno
- 8 skodelic piščančje juhe
- 1 vejica italijanskega peteršilja; sesekljan

navodila:

a) Zmanjšajte vino z žafranom, da pridobite okus in barvo iz žafrana. Odložite.

b) Posušene jurčke namočite v ½ litra tople vode. Odtok. Tekočino prihranimo in gobe narežemo na kocke.

c) Prepražimo čebulo in gobe, dodamo rižot riž, piščančjo juho in dodamo mešanico vina.

d) Zavremo in pečemo v pečici pri 350 stopinjah 10 minut. Razporedite po pekaču, da se ohladi.

e) Vzemite eno porcijo in dodajte malo jušne osnove za segrevanje in postrezite. Okrasite s sesekljanim italijanskim peteršiljem.

8. Italijanska rižota s klobasami

Dobitek: 4 porcije

Sestavine

- $\frac{3}{4}$ funtov italijanske klobase; narežemo na 1-palčne kose
- $14\frac{1}{2}$ unč goveje juhe
- 2 unči Pimiento; odcejene, narezane na kocke
- 1 skodelica nekuhanega riža
- $\frac{1}{4}$ čajne žličke česna v prahu
- $\frac{1}{8}$ čajne žličke popra
- 9 unč zamrznjenega narezanega brokolija; odmrznjen
- 2 žlici parmezana; nariban

navodila:

a) Klobaso kuhajte v veliki ponvi na srednje močnem ognju 3 do 5 minut ali dokler dobro ne porjavi, občasno premešajte; odtok.

b) Dodajte govejo juho, pimiento, riž, česen v prahu in poper. Zavremo. Zmanjšajte toploto na nizko; pokrijemo in dušimo 10 minut.

c) Vmešajte brokoli; pokrov. Kuhajte dodatnih 10 minut ali dokler se tekočina ne vpije in brokoli ni mehak, občasno premešajte.

d) Potresemo s parmezanom. 4 (1-$\frac{1}{4}$ skodelice) porcije.

9. Rižota-oregon lešniki-klobasa

Dobitek: 6 obrokov

Sestavine

- 5 nemških ali italijanskih klobas (1 1/2 lbs.)
- 1½ skodelice rdeče čebule, grobo sesekljane
- 2 žlici masla
- 1 grobo sesekljan zeleni poper
- 1 grobo sesekljana rdeča paprika
- 2 banani; narezana
- ¾ skodelice prepolovljenih oregonskih lešnikov
- ½ skodelice ribeza ali rozin
- 4 skodelice kuhanega riža
- Sol in poper po okusu
- 3 trdo kuhana jajca; presejano
- Drobno sesekljan peteršilj
- Drobno sesekljano baziliko

- Drobno sesekljan drobnjak

navodila:

a) Klobase prepražimo v veliki ponvi ali električni ponvi. Klobaso odcedimo in narežemo na krhlje. V ponvi stopite maslo in dodajte sesekljano čebulo.

b) Pokrijte in kuhajte, dokler se čebula komaj ne zmehča. Dodamo papriko in pražimo, dokler se komaj ne zmehča. Dodamo riž, klobaso ter sol in poper, ki jih premetavamo z vilicami, dokler se ne segrejejo.

c) Dodajte rozine, banane in oregonske lešnike ter previdno premešajte. Začinimo po okusu. Postrežemo na segretem krožniku.

d) Prelijemo s presejanim jajcem in mešanico zelišč.

10. Bučna rižota

Služi 4

Sestavine:

- 75 g (3 oz) debelo narezane pancete ali vrhunske prekajene slanine, narezane na kocke
- 1 srednje velika čebula, sesekljana
- 500 g (1 lb 2 oz) zrele oranžne buče ali maslene buče, olupljene, brez semen in narezane
- morska sol in sveže mlet črni poper
- 400 g (14 oz) po možnosti riža Carnaroli
- 1,2 litra (2 pinta) približno zelenjavne ali piščančje juhe, ki naj vre
- pest drobno sesekljanega svežega peteršilja
- 1 čajna žlička limoninega soka ali belega vinskega kisa
- 2 žlici nesoljenega masla
- 3 zvrhane žlice sveže naribanega sira Grana Padano

navodila:

a) Panceto rahlo prepražimo v velikem loncu z debelim dnom, dokler maščoba ne odteče, nato dodamo čebulo in pražimo, dokler se ne zmehča.

b) Dodajte bučo in jo nežno kuhajte s čebulo in panceto, dokler se ne zmehča in postane kašasta.

c) Dodamo riž in ga previdno popečemo z vseh strani, nato začnemo dolivati osnovo, premešamo in pustimo, da riž vpije tekočino, dodamo še osnovo, začinimo po okusu in ko riž vpije tekočino, dodamo še.

d) Nadaljujte tako, dokler se riž ne zmehča in vsa zrna niso polna in kuhana.

e) Vmešajte peteršilj, limonin sok ali kis, maslo in Grana Padano, odstavite z ognja in pokrijte.

f) Pustimo stati tri minute, nato ponovno premešamo in prestavimo na segret krožnik. Postrezite takoj.

RIŽOTA GOVEDINA & JAGNJETINA

11. Telečje noge z žafranovo rižoto

Dobitek: 4 porcije

Sestavine

- 1 čebula, na drobno narezana
- 2 stroka česna, sesekljana
- 3 unče korenja, narezanega na majhne kocke
- 3 unče zelene, narezane na majhne kocke
- 2 unči pora, narezanega na majhne kocke
- 4 rezine telečjih nog
- Sol
- poper
- moka
- 2 unči masla
- 1 žlica paradižnikove mezge
- 1 skodelica rdečega vina
- 1 skodelica vina, belega
- 2 paradižnika, narezana
- $1\frac{1}{4}$ skodelice mesne juhe, po potrebi

- ½ limone, naribane lupine
- ½ čajne žličke sesekljanih semen kumine
- 2 žlici sesekljanega peteršilja
- 2 stroka česna, stisnjena

navodila:

a) Telečje krače začinimo, potresemo z moko in dobro premažemo z obeh strani.

b) Segrejemo maslo in na njem z obeh strani rjavo popečemo telečje noge.

c) Dodamo čebulo in en strok česna ter pražimo minuto.

d) Dodajte paradižnikovo mezgo in vino ter dušite, da se malo zmanjša.

e) Dodamo paradižnik; dolijemo juho, pokrijemo in dušimo 1½ ure.

f) Po 1 uri kuhanja dodajte naribano limonino lupinico, kumino, peteršilj in preostanek česna.

g) Postrezite z žafranom

12. Rižota z govedino in rozinami na žaru

Dobitek: 4 porcije

Sestavine:

- 1 funt zgornji krog
- 2 žlici oljčnega olja
- 1 žlica emerilove esence
- 1 žlica oljčnega olja
- 1 skodelica narezane rumene čebule
- 2 žlici mlete šalotke
- 1 žlica mletega česna
- 2½ skodelice riža arborio
- 2 skodelici telečje redukcije
- ¼ skodelice rdečega vina
- ⅓ skodelice suhe marsale
- 8 skodelic mesne juhe
- ½ skodelice pečene zelene paprike v julienu
- ½ skodelice pečene rdeče paprike v julienu

- ½ skodelice pečene rumene paprike v julienu
- ½ skodelice romano sira
- ½ skodelice zlatih rozin
- 1 sol
- 1 sveže mlet črni poper
- 1 žlica drobno narezane rdeče paprike
- 1 žlica drobno narezane rumene paprike
- 2 žlici sesekljane zelene čebule
- 3 unče blok sira romano
- 3 cele zelene čebule na žaru

navodila:

a) Predgrejte žar. Zgornji krog začinite z oljčnim oljem in Emerilovim esenco. Postavite na žar. Pecite na žaru 3 do 4 minute na vsaki strani za srednje pečeno. Za rižoto: V ponvi segrejemo olivno olje.

b) Ko se ponev kadi, dodajte čebulo, šalotko in česen. Zelenjavo pražimo 1 minuto. Z leseno žlico vmešajte riž in ga pražite 1 minuto. Med nenehnim mešanjem dodajte telečjo redukcijo, vino, marsalo in mesno osnovo, skodelico za skodelico.

c) Rižoto med stalnim mešanjem kuhamo 10 do 12 minut. Zložite papriko, sir in rozine. Začinimo s soljo in poprom. Odstranite krog z žara in ga narežite na porcije po 2 unči.

d) Za sestavljanje rižoto položite na sredino krožnika. Meso razpihamo po rižoti.

e) Okrasite s papriko, popečeno zeleno čebulo in z lupilcem po vrhu rižote odrežite tanke rezine sira.

13. Pečena bolonjska rižota

Služi 6

Sestavine:

- mleto goveje meso 300 g
- kostanjevi gobici 200g, narezani na četrtine
- posušene gobe jurčki 15 g
- goveja osnova 750ml, pekoča
- olivno olje 2 žlici
- čebula 1, drobno sesekljana
- česen 1 strok, drobno sesekljan
- arborio riž 200 g
- pasata 200 ml
- paradižnikova mezga 1 žlica
- Worcestershire omaka nekaj črt
- zelena sol 1 čajna žlička
- posušen origano 1 čajna žlička
- mocarela 2 kroglici, narezani na kocke
- parmezan 30g, drobno nariban

navodila:

a) Pečico segrejemo na 200C/ventilatorsko 180C/plin 6. Sesekljano meso in kostanjeve gobe razporedimo po nepregornem pekaču.

b) Kuhajte 20-25 minut in občasno premešajte, dokler se mleto meso ne zapeče in se gobe nekoliko obarvajo ter njihova odvečna tekočina izhlapi.

c) Medtem damo posušene gobe v skledo in prelijemo s 150 ml vroče jušne osnove.

d) V plitvi ponvi ali globoki ponvi segrejte olivno olje in pražite čebulo, dokler se ne zmehča. Dodamo česen, kuhamo minuto, nato dodamo riž in premešamo na olju in čebuli, dokler ni popolnoma prekrita.

e) Gobovo tekočino precedite (za seboj pustite morebitni pesek). Namočene gobe sesekljamo in vmešamo, nato postopoma dodajamo gobjo pijačo, sproti mešamo. Preostalo govejo osnovo dodajajte po zajemalkah naenkrat, ko se prejšnja zajemalka vpije, dokler riž ni skoraj kuhan.

f) Vmešajte passato, nato dodajte pečeno mleto govedino, gobe, paradižnikovo mezgo in worcestrsko omako, sol zelene in origano.

g) Pustite vreti in dodajte še malo vode, če je videti suho. Vmešajte $\frac{3}{4}$ mocarele. Preostanek po vrhu potresemo s parmezanom. Postavite v pečico za 25 minut, nepokrito, dokler ne postanejo zlate in začnejo brbotati.

14. Rižota z jagnječjo enolončnico

Dobitek: 8 obrokov

Sestavine:

- 2½ funta jagnječje stegno, narezano na kocke
- olivno olje
- ¼ čajne žličke vsakega, posušenega: rožmarina,
- Timijan in beli poper
- Sol po okusu
- 4½ skodelice zelenjavne juhe
- ½ čajne žličke žafranove niti
- 1½ skodelice riža Arborio
- 1½ skodelice suhega belega vina
- 10 mladičkov špargljev, kuhanih na pari
- ½ skodelice sveže naribanega parmezana
- 1½ skodelice paradižnika, sesekljanega

Zelenjavna juha

- ¾ skodelice vsakega, sesekljanega: čebule, zelene,
- Korenje in gobe
- 4½ skodelice vode

navodila:

a) Pečico segrejemo na 250 stopinj. V ponvi na močnem ognju na ⅓ skodelice oljčnega olja rahlo in hitro popražimo jagnjetino, narezano na kocke. Ne pustite, da se meso kuha v notranjosti. Jagnjetino takoj odstranite z žlico z režami in jo položite v 3-qt enolončnico, ki je bila premazana z zelenjavnim pršilom.

b) Dodajte timijan, rožmarin in poper v enolončnico in premešajte z mesom; začinite s soljo.

c) Pekač pokrijemo s pokrovom ali kosom aluminijaste folije in pečemo 30 minut. Jagnjetina mora biti zelo mehka.

d) Ko gre enolončnica v pečico, ponovno segrejte juho z žafranovimi nitkami (da se zmehča) na srednjem ognju; odstavite.

e) V ponvi na srednjem ognju segrejte 2 žlici oljčnega olja; dodajte riž in pražite 2 do 3 minute. Rižu dodajte 3 skodelice vroče juhe in dobro premešajte. Med občasnim mešanjem kuhajte riž, dokler ne postane kremast.

f) To naredite tako, da po malem dodajate vino in preostalo juho ter mešajte, dokler se tekočina skoraj ne vpije, preden dodate več. Postopek traja približno 20 do 25 minut. Ne prekuhajte; riž mora ostati rahlo čvrst.

g) Nežno vmešajte šparglje in parmezan. Na jagnjetino položite riž v plast in okrasite s sesekljanim paradižnikom.

h) ZELENJAVNA JUHA: Narezano zelenjavo dušimo 1 uro v vodi. Precedite juho in uporabite po navodilih.

15. Osso buco con risotto

Dobitek: 1 obrok

Sestavine

- 2 telečji krači
- 1 skodelica riža Arborio
- 2 skodelici merlota
- 1 čajna žlička limonine lupinice
- 1 skodelica piščančje ali telečje juhe
- ½ skodelice sesekljane čebule
- 1 strok sesekljanega česna
- ½ skodelice ekstra deviškega oljčnega olja
- 1 skodelica svežega graha
- 1 srednje sesekljan korenček
- ½ čajne žličke muškatnega oreščka

navodila:

a) Telečjo kračo prepražimo s čebulo, česnom, korenčkom in oljčnim oljem. Ko lepo porjavijo, damo v pečico, ogreto na 500 stopinj, za 20 minut.

b) Odstranite iz pečice, postavite na srednji štedilnik in dodajte riž. Pražimo 25 minut med dodajanjem vina in jušne osnove, vedno mešamo. Dodamo limonino lupino, grah, sol in poper po okusu.

c) Dodamo muškatni orešček in postavimo v pečico za 15 minut.

16. Goveji file in porova rižota

Dobitek: 2 porciji

Sestavine:

- 28 oz goveji file
- 50 gramov riža Arborio
- 100 gramov svežega peteršilja
- ½ majhnega pora
- 2 unči črnega pudinga
- 40 gramov dimljenega sira wedmore
- 20 gramov peteršilja
- 1 konzerviran file sardona
- 1 žlica pinjol; popečen
- 2 stroka česna; sesekljan
- ½ rdeče čebule; sesekljan
- ½ steklenice rdečega vina
- 500 mililitrov sveže goveje juhe
- ½ korenčka; drobno sesekljan
- ½ rdeče paprike; drobno sesekljan

- 15 gramov ploščatega peteršilja
- Balzamični kis
- maslo
- Deviško oljčno olje
- Kamena sol in sveže mlet črni poper

navodila:

a) Rižoto najprej pripravimo tako, da v ponvi na malo masla prepražimo polovico čebule in česna ter brez barvila kuhamo približno 30 sekund.

b) Nato dodajte riž in kuhajte še 30 sekund, nato dodajte 250 ml jušne osnove in zavrite. Por narežemo na majhne kocke in ga dodamo v ponev ter dušimo približno 13 minut, da se riž skuha.

c) Za pripravo pesta, ki mora biti precej gost, dodajte peteršilj, strok česna, sardone, pinjole in nekaj oljčnega olja v mešalnik ter pretlačite v pesto in pustite na eni strani.

d) Nato segrejemo eno ponev in v ponvi dobro začinimo file in začinimo na malo olja. Ponev deglaziramo z rdečim vinom in osnovo, zavremo in počasi kuhamo 5 minut, nato pa zrezek odstranimo. Ogenj povečajte in zmanjšajte, dokler se rahlo ne zgosti, omako zaključite s koščkom masla in začimbami.

e) Za serviranje rižoti dodamo olupljen in na kocke narezan črni puding ter dimljen sir, sesekljan ploščat peteršilj in dobro začinimo. To položite na sredino vsakega krožnika z zrezkom na vrhu.

f) Prelijemo z žlico peteršiljevega pesta in postrežemo z omako ob robu ter potresemo z drobno narezano zelenjavo.

PERUTNINSKA RIŽOTA

17. Piščančja rižota z ohrovtom

Služi 6

Sestavine:

- maslo 2 žlici
- repično olje 1 žlica
- piščančja bedra 6
- navadna moka 2 žlici
- mleta mace ½ čajne žličke
- čebula 2, narezana na kocke
- česen 2 stroka, zdrobljen
- biserni ječmen 300 g
- piščančja juha 1,2l
- stročji fižol 350 g (po želji tudi dvojno stročji)
- ohrovt 30 g, grobo narezan
- 1 limona, olupljena in iztisnjena
- crème fraîche 75g + 6 žlič
- sladka dimljena paprika nekaj ščepcev

navodila:

a) V loncu ali globoki ponvi segrejte polovico masla in olje. Piščančja bedra stresemo v moko in zmleto mace, da se zabelijo, nato pa jih na zmernem ognju popečemo do zlato rjave in hrustljave barve na obeh straneh.

b) Dvignemo na krožnik, v ponev stresemo čebulo, česen in zadnje žlice masla ter pražimo do mehkega.

c) Ko se čebula res zmehča, vrnemo piščančja bedra s poljubnim sokom, ješprenj in osnovo. Med občasnim mešanjem počasi kuhajte približno 40 minut, dokler se ječmen skoraj ne zmehča in vpije večina juhe. Če med kuhanjem postane suha, dodajte še malo juhe.

d) Stročji fižol, ohrovt, limonin sok in lupinico ter začimbe vmešamo v ječmen, znižamo ogenj in pokrijemo s pokrovko ali pekačem. Medtem olupimo piščančja stegna in z vilicami raztrgamo meso s kosti. Piščanca vmešajte nazaj v ješprenj s 75 g kreme in preverite, ali sta fižol in ječmen mehka.

e) Ješprenj z žlico stresite v 6 plitkih servirnih skledic. Na vrh vsakega dajte še žlico crème fraîche, potresenega s ščepcem paprike in potresenega z limonino lupinico.

18. Bučna rižota z raco

Dobitek: 4 porcije

Sestavine

- 1 velika želodova buča
- 2 žlici oljčnega olja
- 2 žlici sesekljane šalotke
- 2 skodelici riža arborio
- 3 skodelice račje juhe
- 1 skodelica kuhanega račjega mesa; narežemo na 1 kos
- 1 žlica sesekljanega svežega žajblja
- 1 žlica masla
- 2 žlici težke smetane
- $\frac{1}{4}$ skodelice naribanega svežega parmezana
- 1 sol; po okusu
- 1 sveže mlet črni poper; po okusu

navodila:

a) Pečico segrejte na 400 stopinj. Bučo razpolovimo po sredini, odstranimo semena.

b) Pekač namastite z 1 čajno žličko olivnega olja in na pekač položite bučo s prerezano stranjo navzdol.

c) Pečemo 20 minut ali dokler se ne zmehča. Pustite, da se ohladi, nato olupite in narežite meso na 1-palčne kocke.

d) V loncu za omako segrejemo preostalo olje, dodamo šalotko in kuhamo 3 minute.

e) Vmešajte riž in ga med mešanjem pražite 1 minuto. Vmešajte osnovo, 1 čajno žličko soli in ščepec popra ter zavrite.

f) Zmanjšajte toploto na srednjo in kuhajte, dokler se riž ne zmehča približno 18 minut.

g) Dodamo bučo, raco, žajbelj, smetano, sir in maslo ter dušimo 2 do 3 minute.

19. Piščančja rižota s parmezanom

Služi 4

Sestavine:

- olivno olje 1 žlica
- prekajene slanine ali kocke pancete 100g
- maslo 2 žlici
- čebula 1 velika, drobno narezana
- 4-6 piščančjih beder brez kože in kosti, narezane na četrtine
- piščančja juha 1,5 litra
- česen 2 stroka, zdrobljen
- riž za rižoto 300 g
- suho belo vino 150 ml
- parmezan 50g, drobno nariban
- ploščati peteršilj ½ majhnega šopka, drobno sesekljan

navodila:

a) V globoki široki ponvi na srednje močnem ognju segrejte olje in pražite slanino 5-6 minut, da zlato porumeni in postane hrustljava.

b) Izdolbemo na krožnik. Ogenj zmanjšamo na srednje in v ponev dodamo 1 žlico masla, zmešamo s slanino in oljem ter stresemo čebulo. Pražite 10-15 minut, dokler niso zelo mehki in prosojni.

c) Vmešajte koščke piščanca in pražite še 6-8 minut, da se povsod zapečejo in postanejo rahlo zlate barve. Dodamo česen in pražimo še minuto.

d) Medtem ko se piščanec in čebula kuhata, nalijemo juho v večjo ponev in pustimo, da rahlo vre, nato zmanjšamo ogenj in pustimo toplo na hrbtni strani kuhalne plošče. Potresemo riž po piščancu in premešamo, da se riž prekrije z oljem in maslom. Kuhamo 2-3 minute, nato zalijemo z vinom.

e) Mešajte, dokler se večinoma ne vpije, nato dodajte vročo osnovo, zajemalko naenkrat in nenehno mešajte. Počakajte, da se vsaka zajemalka zaloge vpije, preden dodate naslednjo.

f) Nadaljujte z dodajanjem jušne osnove, dokler se riž ne zmehča z majhnim ugrizom, približno 20 minut.

g) Rižoto odstavimo z ognja in vanjo stresemo parmezan, kuhano slanino, peteršilj in preostalo 1 žlico masla.

h) Pred serviranjem pokrijte in počivajte 5 minut.

20. Ječmenova rižota s piščancem

Dobitek: 6 obrokov

Sestavine

- 1 žlica olivnega olja
- ¾ skodelice korenčka; narezan na kocke
- 2 žlici sveže bazilike; sesekljan
- ¾ skodelice zelene; sesekljan
- ¾ skodelice zelene čebule; sesekljan
- ½ čajne žličke soli
- ¼ čajne žličke popra
- 1 funt piščančjih prsi brez kože in kosti
- ½ funta piščančjih beder brez kože in kosti
- 1¾ skodelice bisernega ječmena; približno 12 unč
- 5 skodelic piščančje juhe
- ⅓ skodelice peteršilja; sesekljan
- ¼ skodelice svežega parmezana; nariban

navodila:

a) Piščančje meso narežite na $\frac{1}{4}$-palčne trakove.

b) V nizozemski pečici segrejte olje na srednje močnem ognju. Dodamo korenček in baziliko; pražimo 1 minuto. Dodajte zeleno, zeleno čebulo in čebulo; pražimo 1 minuto. Dodajte sol, poper in piščanca; pražimo 5 minut. Dodajte ječmen; pražimo 1 minuto.

c) Dodajte juho; zavrite. Pokrijte, zmanjšajte ogenj in kuhajte 40 minut.

d) Odstranite z ognja. Vmešajte peteršilj in sir.

21. Rižota z umazanim rižem

Dobitek: 1

Sestavine

- Račji ali piščančji vratovi in perutnice
- Želodčki in srce; sesekljajte
- olivno olje
- ½ čebule; sesekljajte
- 1 rebra zelene; rezina
- 1 rdeča paprika; sesekljajte
- 1 žlica česna; mleto meso
- 1 skodelica pokovke riž
- 2 skodelici zaloge; ali kolikor je potrebno
- Sol in poper
- 1 šopek zelene čebule; sesekljajte

navodila:

a) V ponvi na olju popečemo račji vrat in peruti. Dodamo želodčke in srce. Pražite s čebulo, zeleno, poprom, česnom in rižem; neprestano mešanje.

b) Pražite riž 20 sekund, dodajte 1 skodelico jušne osnove in neprestano mešajte, dokler se ne vpije.

c) Dodajte še 1 skodelico jušne osnove in mešajte, dokler se ne vpije. Po potrebi dodajajte juho, dokler riž ni kuhan. Začinimo s soljo in poprom.

d) Končajte z zeleno čebulo.

22. Rižota iz račjih jeter

Dobitek: 1 porcija

Sestavine:

- 30 gramov borovih jedrc
- Jetra iz 2 rac
- mleko; za namakanje
- Sol in mleti črni poper
- 1 čebula
- 2 mastna stroka česna
- 5 žlic ekstra deviškega oljčnega olja
- 225 gramov riža arborio ali rižota
- Dober ščepec žafranovih prašnikov
- 1 rumena paprika
- $1\frac{1}{8}$ litra račje juhe
- 4 stebla origana ali zlatega majarona
- 24 zelenih oliv; (24 do 30)
- 15 gramov nesoljenega masla
- 2 žlici madeire

- 2 žlici svežega drobnjaka; sesekljan

navodila:

a) Borova jedrca popečemo pod segretim žarom ali v suhi ponvi do zlatorjave barve.

b) Jetra obrežite in odstranite vse zelene koščke. namočite v malo mleka za 15 minut, da odstranite morebitne sledi grenkobe. Izperite v hladni vodi in posušite. Prerežemo na pol in rahlo začinimo.

c) Olupite in drobno sesekljajte čebulo. Česen olupimo in strmo. V veliki ponvi ali ponvi za rižoto segrejemo olivno olje, dodamo čebulo in česen ter pražimo do mehkega.

d) Dodamo riž in žafran. Dobro premešajte, dokler riž ni popolnoma obložen in vpije olje. Rahlo začinimo.

e) Papriko prerežite na pol, odstranite sredico, semena in ovoj. Meso drobno narežite. Dodajte v ponev.

f) Postopoma dodajte polovico zaloge. Zavremo. Ogenj zmanjšamo, da počasi vre in kuhamo toliko časa, da je riž skoraj gotov. Nenehno dodajajte še malo juhe in ponev pogosto stresajte.

g) Origanu ali majaronu olupimo liste in jih sesekljamo. Dodajte v ponev z olivami in posušenimi paradižniki, potem ko se je riž kuhal 10 minut. Po nadaljnjih 2 ali 3 minutah dodajte pražena borova jedrca.

h) V vroči ponvi raztopimo maslo. Jetra na hitro popečemo z vseh strani in jih pogosto obračamo. Prepričajte se, da so pečeni, a v sredini še vedno rožnati. Madeiro damo v ponev in vanjo postrgamo morebitne ostanke mesa.

i) Rižoto po okusu začinimo in dodamo sesekljan drobnjak.

j) Rižoto postrežemo z jetrci na vrhu. Prelijte jetrni sok in pustite, da se vmeša v riž.

ZELENJAVNA RIŽOTA

23. Zelenjavna rižota

Služi 2

Sestavine:

- zelenjavna juha 900 ml
- šparglji 125g, konice narezane na 2-3 kose
- maslo 25g
- olivno olje 1 žlica
- čebula 1, drobno sesekljana
- riž za rižoto 150 g
- grah (svež ali zamrznjen) 75g
- mlada špinača 50g, sesekljana
- pecorino 40 g, drobno nariban, plus dodatek za postrežbo
- drobnjak sesekljan, da dobimo 1 žlico
- mete sesekljane, da naredite 1 žlico
- limona 1, olupljena

navodila:

a) V ponvi segrevajte osnovo, dokler ne zavre. Šparglje blanširajte v osnovi 30 sekund, nato jih izdolbite z žlico in jih odcedite.

b) V veliki, globoki ponvi raztopite košček masla z oljčnim oljem, nato pa čebulo pražite 8-10 minut ali dokler se ne zmehča. Dodajte riž in kuhajte ter mešajte nekaj minut, dokler riž ni sijajen.

c) Zalogo dodajajte zajemalko za zajemalko in mešajte, dokler se riž ravno ne zmehča (mora imeti ugriz, vendar ne sme biti kredast). Dodajte vso zelenjavo, vključno z blanširanimi šparglji, in kuhajte 1 minuto.

d) Primešamo preostalo maslo, pekorino, zelišča in limonino lupinico, začinimo in pokrijemo. Pustite na ognju 3 minute, nato postrezite v toplih skledah z dodatnim sirom, če želite.

24. Butternut squash rižota

Služi 4

Sestavine:

- čebula 1 majhna, sesekljana
- olivno olje
- maslena buča ali buča 250 g, olupljena in narezana na kocke
- riž carnaroli ali arborio (rižota) 200 g
- zelenjavna ali piščančja juha 800 ml, vroča
- žajbelj nekaj listov, sesekljan
- parmezan ali grana padano nariban, da dobite 2 žlici, za serviranje

navodila:

a) Čebulo rahlo prepražimo na 1 žlici olja v globoki ponvi ali ponvi, da se zmehča, vendar ne porjavi. Dodajte bučo in riž ter mešajte nekaj sekund, da se zrna prekrijejo z oljem.

b) Prilijemo par zajemalk jušne osnove in zavremo. Med mešanjem kuhajte, dokler skoraj vsa juha ne popije.

c) Po malem dodajajte preostalo osnovo in kuhajte, dokler se vsak dodatek ne vpije, preden dodate naslednjega, dokler buča ni mehka in riž kremast, a še vedno al dente.

d) Vmešajte žajbelj in dobro začinite. Rižoto razdelite v sklede in za serviranje potresite s sirom.

25. Rižota s čedarjem in mlado čebulo

Služi 2

Sestavine:

- maslo 25g
- mlada čebula 6, sesekljana
- riž za rižoto 150 g
- belo vino s brizganjem (neobvezno)
- zelenjavna ali piščančja juha 750 ml
- Dijonska gorčica ½ čajne žličke
- zrel cheddar 100g, nariban
- BALZAMIČNI PARADIŽNIK
- olivno olje 1 žlica
- češnjev paradižnik 100 g
- balzamičnega kisa
- bazilika majhen šopek, sesekljan

navodila:

a) V široki plitvi ponvi raztopimo maslo. Mlado čebulo kuhajte 4-5 minut ali dokler ni mehka. Dodajte riž in ga med mešanjem kuhajte nekaj minut. Dodajte vino, če ga uporabljate, in brbotajte, dokler se ne vpije.

b) Postopoma po malem vmešajte osnovo in znova počakajte, da se vpije, preden dodate več. Ponavljajte, dokler riž ni kremast, tekoč in mehak (morda vam ne bo treba uporabiti vse jušne osnove ali pa boste morda morali dodati še malo, če je mešanica pregosta).

c) Medtem v ločeni majhni ponvi na srednje močnem ognju segrejte olivno olje in kuhajte paradižnike z veliko začimb, dokler ne začnejo ravno pokati.

d) V rižoto vmešamo gorčico in sir ter po potrebi popopramo in malo solimo. Prelijte v tople sklede in prelijte s paradižniki, kančkom balzamike in nekaj bazilike.

26. Rižota z rdečo peso

Služi 4

Sestavine:

- maslo 50 g
- čebula 1, drobno sesekljana
- riž za rižoto 250 g
- belo vino 150 ml
- zelenjavna osnova 1 liter, vroča
- gotova rdeča pesa 300g pak
- 1 limona, olupljena in iztisnjen sok
- ploščati peteršilj majhen šopek, grobo sesekljan
- mehki kozji sir 125g
- pest orehov, opečenih in sesekljanih

navodila:

a) V globoki ponvi stopite maslo in čebulo z začimbami pražite 10 minut, dokler se ne zmehča. Dodajte riž in mešajte, dokler niso prekrita vsa zrna, nato prilijte vino in brbotajte 5 minut.

b) Med mešanjem dodajajte jušno juho po zajemalko in jo dodajte šele, ko se prejšnja količina vpije.

c) Medtem vzemite 1/2 rdeče pese in jo v majhnem mešalniku stepite do gladkega, preostanek pa sesekljajte.

d) Ko je riž kuhan, vanj vmešamo pretlačeno in nasekljano rdečo peso, limonino lupinico in sok ter večji del peteršilja. Razdelite na krožnike in na vrh potresite nadrobljen kozji sir, orehe in preostali peteršilj.

27. Rižota z bučkami

Služi za 2-3

Sestavine:

- zelenjavna ali piščančja juha 900 ml
- maslo 30 g
- mlade bučke 200g (približno 5-6), diagonalno debelo narezane
- olivno olje 2 žlici
- šalotka 1 dolga ali 2 kroga, drobno sesekljana
- česen 1 strok, zdrobljen
- riž za rižoto 150 g
- suho belo vino majhen kozarec
- mete pest listov, sesekljan
- ½ limone, olupljene in iztisnjenega soka
- parmezan (ali vegetarijanska alternativa) 30 g, drobno nariban, plus dodatek za postrežbo

navodila:

a) Zalogo pustimo v ponvi na majhnem vrenju.

b) V globoki široki ponvi raztopimo polovico masla. Bučke z nekaj začimb popecite na obeh straneh, da rahlo zlato porumenijo. Izdolbemo in odcedimo na kuhinjskem papirju. Obrišite ponev.

c) V isti ponvi segrejte 2 žlici olivnega olja, nato rahlo kuhajte šalotko in česen 6-8 minut oziroma dokler se ne začneta mehčati. Vmešajte riž in segrevajte minuto.

d) Prilijemo vino in brbotamo ter mešamo, dokler ne izhlapi. Zalogo dodajajte po zajemalki, da se tekočina vpije, preden jo dodate. Dodajajte osnovo, dokler se riž ne zmehča in ostane le majhen košček.

e) Primešamo bučke in jih pustimo minuto segrevati. Dodajte meto in vmešajte v riž z limoninim sokom in lupinico, parmezanom, preostalim maslom in zadnjo zajemalko jušne osnove. Rižota mora biti precej kremasta in tekoča, zato ji dodajte dodatno osnovo.

f) Pokrijte in pustite stati nekaj minut, nato postrezite v toplih skledah z dodatnim sirom, če želite.

28. Zelenjavna rižota verde

Služi 6

Sestavine:

- olivno olje
- čebula 1/2, drobno narezana
- zelena 1 palčka, drobno narezana
- riž za rižoto 400 g
- belo vino 125 ml
- piščančja juha 1 liter, vroča
- špinača 100 g
- fižol 75g, blanširan in strok
- zamrznjen grah 75g
- parmezan 50g, drobno nariban
- crème fraîche 3 žlice
- 1 limona, olupljena in iztisnjen sok
- mikro kreša za postrežbo

navodila:

a) V ponvi segrejemo 3 žlice olja in dodamo čebulo in zeleno z malo soli. Pražimo 5 minut, da postekleni. Dodajte riž za rižoto in dobro premešajte, tako da je vsako zrno prekrito z oljem.

b) Prilijemo vino in pustimo, da brbota, dokler skoraj vse ne izhlapi. Med stalnim mešanjem dodajajte juho po eno zajemalko in jo dodajte šele, ko popije zadnjo zajemalko.

c) V kuhinjski robot dodajte špinačo in 2 žlici vroče vode ter stepite v pire. Ko je riž skoraj kuhan, vmešajte pire, fižol in grah. Med rednim mešanjem kuhamo še 5 minut.

d) Ko sta riž in zelenjava kuhana, vmešajte parmezan, crème fraîche, limonino lupinico in sok, začinite in prelijte z mikro krešo.

29. Česnova rižota s prepelico

Služi 4

Sestavine:

- zelena 1/2 majhne, narezane na 1 cm velike kose
- olivno olje
- česen 1 čebulica, olupljeni strok
- rožmarin 1 vejica
- šalotka 1, drobno narezana
- por 1, na drobno narezan
- listi timijana 1 čajna žlička
- maslo 100g
- riž za rižoto 400 g
- rastlinsko olje
- piščančja juha 1,5 litra
- Pecorino sir 80g, drobno nariban
- ploščati peteršilj majhna pest, sesekljan
- prepelice 4, očiščene in narezane

navodila:

a) Pečico segrejemo na 180C/ventilatorsko 160C/plin 4. Na pekač zložimo na kocke narezano zeleno. Začinimo in pokapljamo z malo rastlinskega olja. Pražimo 15 minut ali dokler se ne zmehčajo in ne porjavijo.

b) Medtem dajte česen, rožmarin in 100 ml olivnega olja v manjšo ponev (tako da je česen potopljen, dodajte več olja, če je potrebno) in rahlo segrevajte 10 minut ali dokler česen ni mehak in rahlo zlate barve.

c) Odstranite in ohladite olje. Ostanke česnovega olja lahko uporabite za kuhanje, vendar ga hranite v hladilniku in porabite v enem tednu.

d) Šalotko, por in timijan popražimo na 50 g masla in 50 ml oljčnega olja. Sezona. Ko je zelenjava mehka, dodajte riž in mešajte, dokler niso vsa zrna obložena.

e) Rahlo segrevajte 1 minuto, da riž razpoka (to omogoča lažjo absorpcijo).

f) Rižoti prilijemo 500 ml jušne osnove in mešamo, da se vsa vpije. Ponovite še 2-krat. To naj bi trajalo približno 20 minut. Če je potrebno, dodajte več zaloge, da dobite kremasto konsistenco.

g) Ko se riž zmehča, odstavimo z ognja, dodamo zeleno, preostanek masla, sir in peteršilj ter začinimo. Pokrijemo s pokrovko in pustimo počivati.

h) Pečico prižgite na 200C/ventilatorsko 180C/plin 6. Segrejte ponev na srednji temperaturi. Prepelice naoljite in začinite, nato pa jih s kožo navzdol za 4 minute položite na rešetko, dokler ne postanejo zlate in zoglenele.

i) Obrnite in kuhajte še 2 minuti. Prenesite v pekač in pražite 10-15 minut, dokler niso pečeni in ne stečejo soka. Počivajte 2 minuti pod folijo. Rižoto razdelimo na tople krožnike.

j) Prepelico vzdolž hrbta razpolovimo in damo na rižoto. S hrbtno stranjo noža zmečkajte konfit česen in ga raztresite po.

30. Rižota iz artičok

Dobitek: 1 obrok

Sestavine

- 2 globus artičoke
- 2 žlici masla
- 1 limona
- 2 žlici olivnega olja
- 1 goba Portobello
- 2½ skodelice piščančje juhe; ali drugo
- 1 majhna čebula; mleto
- 1 skodelica suhega belega vina
- 2 stroka česna; mleto
- Sol in poper; po okusu
- 1 skodelica riža Arborio
- ½ skodelice parmezana; nariban
- 1 žlica peteršilja; mleto

navodila:

a) V majhno skledo stisnite sok $\frac{1}{2}$ limone in dodajte toliko vode, da prekrije artičoke.

b) Gobo narežemo na četrtine.

c) Gobe zelo zelo tanko narežemo.

d) Vmešajte prihranjene artičoke, narezane gobe in peteršilj.

e) Mikrovalovna pečica.

31. Žafranova rižota

Služi 4

Sestavine:

- maslo 100g, ohlajeno in narezano na kocke
- čebula 1 majhna, drobno sesekljana
- piščančja juha 1,25 litra
- arborio riž 200 g
- suho belo vino 75 ml
- žafran ½ čajne žličke (poiščite kakovostne dolge niti)
- parmezan 75g, drobno nariban
- mleti beli poper
- drobnjak pest narezanih

navodila:

a) V globoki ponvi s pokrovom stopite 50 g masla, nato pa čebulo nežno pražite 10 minut, dokler se ne zmehča, vendar ne obarva.

b) V drugi ponvi zavrite juho, nato pa ogenj zmanjšajte, da zavre.

c) Maslu dodajte riž in ga med mešanjem kuhajte 3-4 minute, da se riž prekrije in zrna popečejo. Prilijemo vino in nato brbotamo, dokler se popolnoma ne vpije, preden vmešamo žafran.

d) Dodajte juho po eno ali dve zajemalki naenkrat, pri tem pa sproti mešajte riž z dna ponve. Ko vsaka zajemalka popije, dodajte naslednjo zajemalko.

e) Nadaljujte s tem približno 15 minut. Rižota je pripravljena, ko se zrna zmehčajo in izgubijo kredast videz, vendar jih še vedno malo ugriznite (morda ne boste potrebovali vse juhe).

f) Stepemo preostalo maslo in parmezan ter začinimo z belim poprom. Rižoto pokrijte in pustite stati 2 minuti, nato jo postrezite v toplih skledicah z drobnjakom.

32. Orzo rižota s cavolo nero

Služi 2

Sestavine:

- ekstra deviško oljčno olje 2 žlički
- čebula ½, drobno narezana
- česen 2 stroka, narezan
- posušeni čilijevi kosmiči ½ čajne žličke
- orzo testenine 150g
- zelenjavna juha 450 ml, vroča
- cavolo nero 100 g, stebla odstranimo in narežemo na dolge kose
- zamrznjen grah 100 g
- mehki sir 1 žlica
- vegetarijanski parmezan 15 g, drobno nariban, plus malo dodatka za postrežbo (neobvezno)

navodila:

a) V ponvi segrejemo olivno olje in dodamo čebulo, česen, čilijeve kosmiče in ščepec soli.

b) Rahlo kuhajte 5 minut oziroma dokler niso mehki. Dodajte testenine in premešajte, da je vsak kos prekrit z oljem.

c) Zelenjavno osnovo dodajte po zajemalki, vmes premešajte in dodajte še, ko se vpije. Po 5 minutah dodajte cavolo nero.

d) Kuhajte nadaljnjih 5 minut in ko sta orzo in cavolo nero mehka, zadnji 2 minuti dodajte grah in nekaj začimb.

e) Premešajte mehki sir in parmezan ter postrezite z malo dodatnega parmezana, če želite.

33. Mešanica za rižoto Bulgur

Dobitek: 1 porcija

Sestavine

- 1 žlica posušene mlete čebule
- 3 kocke piščančje juhe, zdrobljene
- 1 čajna žlička posušenega čemaža
- 1 čajna žlička posušenega timijana
- $\frac{1}{4}$ čajne žličke črnega popra
- $1\frac{1}{2}$ skodelice razpokane pšenične bulgurjeve RIŽOTE:
- $2\frac{1}{2}$ skodelice vode
- 2 žlici masla
- 1 paket mešanice za rižoto

navodila:

a) Mešajte: Zmešajte in shranite v nepredušni posodi.

b) Rižota z bulgurjem: Pečico segrejte na 350. Vodo in maslo zavrite. Dodamo mešanico za rižoto in med mešanjem kuhamo 5 minut. Pokrijte in pecite 25 minut. 6 obrokov

34. Jesenska zelenjavna rižota

Dobitek: 6 obrokov

Sestavine

- 2 funta Butternut squash
- 3 skodelice nemastne piščančje juhe z nizko vsebnostjo soli
- Sol in poper
- 3 srednje velike por; kocke, beli del in en palec zelene
- 1½ žlice ekstra deviškega oljčnega olja
- 1½ skodelice riža Arborio
- 3 stroki česna; mleto
- 2 žlici sesekljanega svežega ploščatega peteršilja
- 1 čajna žlička sesekljanega svežega timijana
- ½ čajne žličke sesekljanega svežega rožmarina
- ½ čajne žličke sesekljanega svežega žajblja

- ⅛ čajne žličke sveže naribanega muškatnega oreščka
- 1 čajna žlička naribane pomarančne lupinice
- ½ pomaranče; sok
- 3 žlice pekanov; popečen in sesekljan
- ½ skodelice sveže naribanega parmigiano-reggiana

navodila:

a) Bučo po dolžini prerežite na pol, nato izdolbite in zavrzite semena. Olupite in narežite na ½-palčne kose.

b) V srednje veliki ponvi na močnem ognju zavrite juho in 3 skodelice vode. Dodajte bučo in dušite, dokler se skoraj ne zmehča, 2 do 3 minute. Odstranite bučo in jo začinite s soljo in poprom ter odstavite. Juho rezervirajte posebej.

c) V večjo ponev dajte por in konice vode. Pokrijte in dušite, dokler se por ne zmehča, približno 12 minut, če izpari, dodajte še vodo.

d) Por prihranimo, tekočino od kuhanja pa dodamo prihranjeni juhi.

e) Topla juha na majhnem ognju na zadnjem gorilniku. V veliki ponvi na srednjem ognju segrejte oljčno olje. Dodamo riž in ob stalnem mešanju kuhamo 2 do 3 minute. Z zajemalko dodajte približno $\frac{3}{4}$ skodelice juhe in premešajte, da se riž sprosti z dna in stranic ponve.

f) Ko riž vpije prvi dodatek juhe, dodajte še eno zajemalko jušne osnove. Pogosto mešajte, da se riž ne sprime, dodajajte več juhe po zajemalki, da zrna ostanejo vlažna.

g) Po 10 minutah dodajanja juhe in mešanja dodamo por, česen. in naslednjih 7 sestavin (skozi sok) in še naprej mešajte.

h) Nadaljujte z dodajanjem juhe, dokler se riž ne stopi brez kredastih sredic (vendar je še vedno čvrst), 18 do 22 minut. Če vam zmanjka juhe, dodajte vrelo vodo.

i) Ko je riž ravno mehak, dodajte dodatno zajemalko juhe ali vode in prihranjeno bučo. Ponev odstranite z ognja, pokrijte in pustite stati 5 minut. Začinimo s soljo in poprom.

j) Za serviranje položite rižoto v skledo in jo okrasite z orehi orehi in sirom.

35. Koromačeva rižota s pistacijami

Dobitek: 6 obrokov

Sestavine

- 2 skodelici piščančje juhe v kombinaciji z
- 1 skodelica vode
- 1 žlica masla ali margarine
- 2 žlici olivnega olja
- 1 skodelica drobno sesekljane čebule
- 1 srednja čebulica komarčka
- 1 srednja rdeča paprika, sesekljana
- 2 srednje velika stroka česna, sesekljana
- 1½ skodelice riža Arborio
- ⅓ skodelice oluščenih pistacij, sesekljanih
- Sveže mleti črni poper
- ¼ skodelice naribanega parmezana

navodila:

a) Kombinacijo juhe in vode segrejte na srednje nizkem ognju. Hranite na toplem.

b) V veliki ponvi, po možnosti proti prijemanju, ali velikem loncu segrejte maslo in olje na zmernem ognju, dokler se ne segrejeta. Dodamo čebulo, koromač in rdečo papriko; pražimo 5 minut. Dodamo česen in pražimo še eno minuto.

c) Vmešajte riž in kuhajte, mešajte 2 minuti. Počasi začnite dodajati tekočino, približno zajemalko naenkrat. Pokrito kuhajte na srednje nizkem ognju 10 minut, občasno premešajte.

d) Tekočino dodajajte počasi in pogosto mešajte. Vsakič počakajte, da se tekočina vpije, preden dodate naslednjo zajemalko. Postopek kuhanja ponovite pokrito 10 minut.

e) Odkrijte in nadaljujte z dodajanjem tekočine ter pogostim mešanjem. Rižota naj se kuha približno 30 minut. Končana rižota mora biti kremasta, z malo žvečljivega osrednjega dela riža.

f) Dodajte pistacije, poper in parmezan v končano rižoto in mešajte, dokler se ne zmeša.

36. Rižota s špinačo in tofujem

Dobitek: 4 porcije

Sestavine

- 8 unč tofuja, odcejenega
- 1 srednja čebula; sesekljan (1/2 skodelice)
- 1 strok česna; mleto
- 2 žlici rastlinskega olja
- 14½ unč Paradižnik, italijanski, v pločevinkah; sesekljan
- 1 čajna žlička origana; posušeno; zdrobljen
- 2 skodelici rjavega riža; kuhano
- 10 unč špinače, zamrznjene, sesekljane; odmrznjeno in odcejeno
- 1 žlica sezamovih semen; popečen

navodila:

a) Tofu dajte v posodo mešalnika. pokrov; mešajte, dokler ni gladka.

b) V veliki ponvi na vročem olju kuhajte čebulo in česen, dokler se čebula ne zmehčata. Dodamo neodcejene paradižnike in origano. Zavremo; zmanjšajte toploto.

c) Dušite, nepokrito, približno 3 minute.

d) Zmešajte tofu, riž, špinačo, ½ čajne žličke soli in ¼ čajne žličke popra. Mešanico razdelite v 4 posamezne pomaščene posode ali pa vso zmes položite v pomaščen 1½-litrski ponev.

e) Pecite nepokrito v pečici pri 350 stopinjah 30 minut ali dokler se ne segreje. Vrh potresemo s sezamovimi semeni.

37. Rižota z medom in praženim ječmenom

Dobitek: 14 obrokov

Sestavine

- 2 šalotki; mleto
- 2 stroka česna; mleto
- 2 stebla zelene; drobno narezano na kocke
- 2 žlici olivnega olja
- 1 žlica masla
- ¼ skodelice riža Arborio; (rižota)
- 3½ litra pražene juhe iz maslene buče
- ¼ skodelice ječmena; popečeno, kuhano
- ¼ skodelice Butternut squash; drobno narezana
- ¼ skodelice sira Romano; nariban
- Sol in črni poper

navodila:

a) V ponvi na zmernem ognju na olju in maslu prepražimo šalotko, česen in zeleno, dokler se ne zmehčajo. Dodajte riž in premešajte, da se dobro prekrije. Ne pustite, da zrna porjavijo.

b) Dodajte 3½ skodelice juhe v majhnih količinah in nenehno mešajte.

c) Dodajte ječmen in bučo. Nadaljujte s kuhanjem na enak način, dokler riž ni mehak, vendar al dente. Dodajte sir. Prilagodite začimbe.

d) Na porcijo dajte kepico rižote na sredino jušne sklede. Na rižoto nalijte 1 skodelico juhe.

38. Rižota iz sladkega krompirja z zelišči

Dobitek: 1 obrok

Sestavine

- 1 žlica deviškega oljčnega olja
- 1 skodelica kock (1") sladkega krompirja
- 1 skodelica riža Arborio
- ½ skodelice sesekljane čebule
- 1 žlica sesekljanega svežega žajblja
- 1 čajna žlička naribane pomarančne lupinice
- ⅛ čajne žličke mletega muškatnega oreščka
- 2 skodelici razmaščene piščančje juhe
- ¼ skodelice pomarančnega soka
- Sol in črni poper
- 1 žlica naribanega parmezana
- 2 žlici sesekljanega svežega italijanskega peteršilja

navodila:

a) V veliki skledi, primerni za uporabo v mikrovalovni pečici, segrejte olje v mikrovalovni pečici 1 minuto na visoki temperaturi.

b) Vmešajte sladki krompir, riž, čebulo, žajbelj, pomarančno lupinico in muškatni oreščeck.

c) Mikrovalovna pečica, odkrita 1 minuto. Primešajte $1\frac{1}{2}$ skodelice jušne osnove.

d) Pecite v mikrovalovni pečici 10 minut in na polovici kuhanja enkrat premešajte.

e) Primešajte preostali $\frac{1}{2}$ skodelice jušne osnove in pomarančni sok. Pecite v mikrovalovni pečici 15 minut in na polovici kuhanja enkrat premešajte.

f) Solimo in popramo po okusu. Potresemo s parmezanom in peteršiljem.

39. Rižota v mikrovalovni pečici

Dobitek: 2 obroka

Sestavine

- 1 čajna žlička nesoljenega masla
- 1 čajna žlička olivnega olja
- 2 žlici mlete čebule
- 1 strok česna; mleto
- ¼ skodelice riža Arborio
- 1 skodelica piščančje juhe
- ¼ skodelice suhega belega vina
- Sol in poper; po okusu
- 4 unče kuhanega; narezana srčka artičoke
- 4 unče kuhane in odcejene na kocke narezane paprike
- 2 unči mletih na soncu posušenih paradižnikov
- 2 unči mletih kaper
- Žafran; baziliko ali drugo začimbo po okusu.

navodila:

a) V veliki jušni skledi brez pokrova segrejte maslo in olje v mikrovalovni pečici na 100 % 2 minuti.

b) Dodajte čebulo, česen in riž; premešajte, da se prekrije. Kuhajte brez pokrova pri 100 % 4 minute.

c) Dodajte juho, vino in morebitne neobvezne sestavine. Odkrito kuhajte 6 minut. Dobro premešamo in kuhamo še 6 minut. Spremljajte, da se prepričate, da se tekočina popolnoma ne skuha.

d) Odstranite iz mikrovalovne pečice. Premešajte s soljo in poprom ter postrezite vroče.

40. Japonska rižota z gobami

Dobitek: 4 porcije

Sestavine

- 4½ skodelice zelenjavne juhe; ali miso prepojena juha, slana
- 1 žlica ekstra deviškega oljčnega olja
- ½ skodelice rose-sushi riža
- ½ skodelice sakeja
- Košer sol
- Sveže mleti črni poper
- ½ skodelice Enoki gob
- ½ skodelice sesekljane čebulice
- ¼ skodelice kalčkov redkvice

navodila:

a) Če uporabljate juho z mešanico misa, zmešajte 1 žlico misa s 4½ skodelice vode in zavrite. Ogenj zmanjšamo in pustimo vreti.

b) V veliki kozici segrejte olivno olje na srednje močnem ognju. Dodajte riž, nenehno mešajte v eno smer, dokler ni dobro prekrit. Ponev odstavimo z ognja in dodamo sake.

c) Vrnite na ogenj in nenehno mešajte v eno smer, dokler ne vpije vsa tekočina. Dodajte osnovo ali juho v korakih po $\frac{1}{2}$ skodelice in nenehno mešajte, dokler se z vsakim dodatkom ne vpije vsa tekočina.

d) Začinimo s soljo in poprom. Z žlico naložite v servirne sklede, okrasite z gobami, kapesanto in kalčki ter postrezite.

e) Okrasite z nežnimi enoki gobami, sesekljano kapesanto in pikantnimi kalčki redkve.

41. Spomladanska zelenjavna rižota

Služi 4

Sestavine:

- 1 ali 2 debeli mladi čebuli, sesekljani
- 2 zelo majhna cvetka svežega kalečega brokolija, grobo narezana
- majhna pest finega zelenega fižola
- 50 g (2 oz) nesoljenega masla
- 350 g (12 oz) riža Carnaroli
- 2 ali 3 mladi korenčki, narezani
- 1,2 litra (2 pinta) zelenjavne ali lahke piščančje juhe
- 2 ali 3 mlade, nežne bučke
- morska sol in sveže mlet poper
- 3 do 4 žlice svežega graha v stroku
- 3 zvrhane žlice sveže naribanega sira Grana Padano

navodila:

a) Zelenjavo na 2/3 masla skupaj zelo nežno in previdno dušite približno 8 do 10 minut.

b) Dodamo riž in premešamo, da se prekrije z maslom in zelenjavo.

c) Začinite, nato začnite dodajati vročo osnovo in nenehno mešajte, da se ne sprime.

d) Riž se kuha 20 minut od trenutka, ko začnete dodajati tekočino.

e) Odstranite z ognja.

f) Prilagodite začimbe, vmešajte preostalo maslo in sveže naribano grano padano.

g) Pokrijte in počivajte 2 minuti, nato ponovno premešajte in preložite na segret krožnik za takojšnjo serviranje.

42. Balzamična rižota

Dobitek: 1 obrok

Sestavine

- 100 gramov masla
- ½ čebule
- 1 lovorjev list
- 1 ščepec posušenega rožmarina
- 300 gramov riža Arborio
- 1 skodelica zelenjavne osnove
- ½ litra caberneta ali barola
- Sveže nariban parmezan
- Balzamični kis

navodila:

a) V enolončnico damo 50 g masla, narezano polovico čebule, lovorov list in ščepec rožmarina ter na zmernem ognju pražimo toliko časa, da čebula postane prozorna.

b) Nato dodajte riž in neprekinjeno mešajte eno minuto, dokler ni vse dobro premešano. Nato prilijemo "dobro" skodelico zelenjavne osnove in vse skupaj zavremo.

c) Prilijemo pol litra rdečega vina in pustimo, da alkohol izhlapi. Po 15 minutah dodajte sveže nariban parmezan in ostalih 50g masla.

d) Premešamo in nato pustimo kuhati še eno minuto.

e) Tik preden odstavite s štedilnika dodajte kozarec balzamičnega kisa.

43. Borovničeva rižota z jurčki

Dobitek: 4 porcije

Sestavine

- 8¾ unče Sveži jurčki, narezani
- 1 majhna čebula; drobno sesekljan
- ¾ unče masla
- 5 unč riža za rižoto; nebrušena
- 5½ unč borovnic
- ¼ skodelice belega vina; suho
- 1¾ skodelice juhe
- ¼ skodelice olivnega olja
- 1 vejica timijana
- 1 strok česna; pire
- 2 unči masla

navodila:

a) V kozici segrejemo maslo in prepražimo čebulo. Primešamo riž in borovnice, ki jih na kratko prepražimo. Navlažite z vinom, kuhajte, dokler se ne absorbira; navlažite z juho in kuhajte do mehkega.

Nenehno mešamo, po potrebi dodamo malo juhe. Začinimo s soljo in poprom.

b) V ponvi segrejemo olje, prepražimo gobe, česen in timijan. Maslo vmešamo v rižoto. Prestavimo na tople krožnike in okrasimo z gobami.

44. Rižota s korenčkom in brokolijem

Dobitek: 4 porcije

Sestavine

- 5 skodelic piščančje juhe z nizko vsebnostjo natrija; ali zelenjavno juho
- 1 žlica olivnega olja
- 2 cela korenja; drobno narezan (1 skodelica)
- ½ skodelice šalotke; sesekljan
- 1 skodelica komarčka; drobno sesekljan
- 2 skodelici riža; (arborio)
- ¼ skodelice suhega belega vina
- 2 skodelici cvetov brokolija
- 2 cela korenja; nariban
- 2 žlici naribanega parmezana
- 1 žlica svežega limoninega soka
- 2 žlički limonine lupinice
- 2 žlički svežega timijana; sesekljan
- ½ čajne žličke soli

- Sveže mleti črni poper; po okusu

navodila:

a) V srednje veliki ponvi zavrite juho. Nižji ogenj, da zavre. V veliki ponvi z debelim dnom na srednjem ognju segrejte oljčno olje. Dodajte na kocke narezano korenje in šalotko ter kuhajte, dokler se šalotka ne začne mehčati, približno 6 minut.

b) Dodajte koromač in riž ter kuhajte med nenehnim mešanjem, dokler riž ni dobro obložen, 1 do 2 minuti. Prilijemo belo vino in kuhamo, dokler se ne vpije.

c) Dodajte 1 skodelico vrele juhe v veliko ponev in nadaljujte s kuhanjem ter mešajte, dokler se juha skoraj v celoti ne absorbira. Nadaljujte z dodajanjem juhe, $\frac{1}{2}$ skodelice naenkrat, mešajte in kuhajte, dokler se juha ne vpije in riž ne odstopi od stene lonca pred vsakim dodajanjem.

d) Nadaljujte, dokler se ne absorbira vsa skodelica juhe, razen 1 in $\frac{1}{2}$, 15 - 20 minut.

e) Dodajte brokoli in naribano korenje ter nadaljujte s kuhanjem in dodajanjem juhe, ¼ skodelice naenkrat, dokler riž ni kremast, a čvrst v sredini. To naj bi trajalo še 5 do 10 minut.

f) Odstavite z ognja, vmešajte parmezan, sok, lupinico, timijan, sol, poper in takoj postrezite.

45. Rižota z lisičkami

Dobitek: 2 obroka

Sestavine

- 1 majhna rdeča čebula; drobno sesekljan
- 1 strok česna; drobno sesekljan
- 8 unč lisičk
- 1 žlica svežih listov bazilike; sesekljan
- 3 unče masla
- 2 unči svežega parmezana; nariban (neobvezno)
- 6 unč italijanskega riža za rižoto
- 5 unč belega vina
- 15 unč zelenjavne juhe

navodila:

a) V veliki ponvi na polovici masla nežno prepražimo čebulo in česen, da postaneta mehka in zlato rjava. Dodajte baziliko in lisičke in kuhajte nekaj minut.

b) Dodamo riž, pražimo minuto med stalnim mešanjem.

c) Zalijemo z vinom in polovico jušne osnove, zavremo, nato ponev pokrijemo in dušimo. Vsake toliko preverite, ali se riž suši, in dodajte več juhe, če se.

d) Ko je riž ravno kuhan, vmešamo preostanek masla in sir. Med mešanjem kuhamo še nekaj minut.

e) Postrezite z zeleno solato in malo ciabatte.

GOBOVA RIŽOTA

46. Rižota z jurčki in tartufi

Dobitek: 4 porcije

Sestavine:

- 25 gramov masla; (1oz)
- 1 žlica olivnega olja
- 1 srednja čebula; drobno sesekljan
- 250 gramov rižote Arborio; (8oz)
- 2 zelenjavni jušni kocki
- 2 20 g pakiranji jurčkov
- 2 žlici mascarpone sira
- 1 čajna žlička tartufove kreme
- Sol in sveže mlet črni poper
- Parmezanovi ostružki

navodila:

a) V večji plitvi ponvi segrejemo maslo in olivno olje, dodamo čebulo in jo na zmernem ognju rahlo dušimo 3-4 minute. Vmešajte riž in kuhajte še eno minuto, tako da riž premažete z oljem.

b) Postopoma dodajajte vročo osnovo, ves čas mešajte, dodajajte juho, ko se juha vpije. Ponavljajte ta postopek, dokler ni vgrajena vsa zaloga, kar bo trajalo približno 20 minut.

c) Nazadnje vmešamo jurčke in prihranjeno tekočino, mascarpone, kremo s tartufi ter začinimo s soljo in sveže mletim črnim poprom ter segrevamo še 1-2 minuti. Takoj postrežemo z ostružki parmezana.

47. Puschlaver rižota

Dobitek: 4 porcije

Sestavine:

- 30 gramov posušenih belih ali drugih gob
- 100 gramov masla
- 1 x drobno sesekljana čebula
- ⅛ čajne žličke žafrana, na drobno zdrobljenega
- 1 deciliter rdečega vina
- 350 gramov riževega riža (Arborio)
- 8 decilitrov bujona
- 100 gramov naribanega sira
- 250 gramov teletine, narezane na tanke trakove
- 1 deciliter težke smetane
- 2 paradižnika, olupljena in narezana na kocke
- 1 šopek peteršilja, drobno sesekljan

navodila:

a) Gobe namočimo, nato jih odcedimo in dobro osušimo. Prihranite tekočino za namakanje.

b) V ponvi stopimo 40 g masla: dodamo čebulo, gobe, česen in na hitro prepražimo; nato dodajte rdeče vino in zmanjšajte ogenj, da se delno vpije. Nato dodajte riž in žafran ter dobro premešajte. Dodajte juho in gobovo vodo, premešajte in zmanjšajte ogenj, da zavre.

c) Počasi kuhamo, dokler se tekočina ne vpije. Riž naj bo al dente. -- Maslo in nariban sir stresemo k rižoti, ko je gotova.

d) Teletino rahlo pomokamo in jo še na maslu podušimo; ko je končano, zmanjšajte ogenj in med skrbnim mešanjem dodajte smetano. Na sredini rižote naredimo "vdolbinico" in vanjo vlijemo mešanico teletine in smetane.

e) Za okras na preostanku masla prepražimo paradižnik in peteršilj, ki ju potresemo po vrhu rižote.

f) Postrezite.

48. Rižota s šampanjcem

Dobitek: 4 porcije

Sestavine:

- 1 unča posušenih gob
- 3 žlice masla
- 2 žlici olivnega olja
- ¼ rumena čebula; grobo sesekljan
- 1½ skodelice italijanskega riža Arborio; surovo
- 3 skodelice piščančje juhe; sveže ali konzervirane
- 1 skodelica šampanjca ali suhega belega vina
- ½ skodelice smetane za stepanje
- Sol; po okusu

navodila:

a) Gobe namočite v 1 skodelici vroče vode, dokler niso mehke, približno 1 uro. Odcedite in tekočino uporabite za kakšen drug namen, morda za jušno osnovo. V rižoti ne uporabljajte gobove vode, ker bo prekrila okus smetane in vina. Gobe sesekljajte. Segrejte 4 litre težko ponev in dodajte maslo, olje, čebulo in gobe.

b) Kuhajte, dokler čebula ne postane čista, nato dodajte riž. Previdno premešajte, da je vsako zrno prekrito z oljem. V ločeni ponvi zavrite piščančjo osnovo.

c) Rižu dodajte 1 skodelico jušne jušne osnove in mešajte, da dobite lepo kremasto jed. Nadaljujte z dodajanjem juhe, ko se absorbira. Ko se juha vpije, dodajte šampanjec in med nežnim mešanjem nadaljujte s kuhanjem.

d) Ko se riž začne mehčati, dodajte smetano in kuhajte, dokler riž ni mehak, a še vedno rahlo žvečljiv. Poskusite sol in takoj postrezite.

49. Gobova rižota s pecorinom

Služi 2

Sestavine:

- posušeni jurčki 25g
- zelenjavna jušna kocka 1
- olivno olje 2 žlici
- kostanjevi gobici 200g, narezani na četrtine
- maslo 25g
- šalotke 3, drobno sesekljane
- česen 1 strok, zdrobljen
- arborio riž 150 g
- belo vino 1 kozarec
- špinača 100 g, sesekljana
- pecorino (ali zelenjavna alternativa) 50 g, drobno nariban, plus malo dodatka za postrežbo, če želite
- limona 1, olupljena

navodila:

a) Jurčke damo v manjšo posodo, prelijemo s 300 ml vrele vode in pustimo namakati 15 minut.

b) Tekočino precedite skozi gosto cedilo v vrč in dolijte vrelo vodo do 600 ml. Zdrobite v jušni kocki ali vmešajte 1 čajno žličko praška ali tekočine. Jurčke grobo nasekljajte.

c) V široki plitvi ponvi proti prijemanju segrejte 1 žlico olivnega olja in dodajte kostanjeve gobe.

d) Pražite na dokaj visokem ognju, dokler gobe ne postanejo zlate in se nekoliko skrčijo (to bo pomagalo koncentrirati okus). Gobe postrgamo iz ponve v skledo in ponev obrišemo.

e) V ponev dodajte 1 žlico olja in maslo ter pražite šalotko in česen, dokler se ne zmehčata. Dodajte jurčke in riž za rižoto ter mešajte, dokler ni prekrita. Prilijemo vino in dušimo, dokler se vse ne vpije.

f) Postopoma prilivamo jurčkovo osnovo in mešamo, da se riž skoraj zmehča, nato dodamo kostanjeve gobe.

g) Dodajte še zadnjo osnovo skupaj s špinačo, pekorinom in limonino lupinico.

h) Odstranite ogenj, postavite pokrov in pustite stati 5 minut, preden postrežete v skledah z dodatnim sirom, če želite.

50. Rižota z divjim rižem in gobami

Služi 4

Sestavine:

- česen 1 cela čebulica
- olivno olje
- šalotke 4, drobno narezane
- belo vino 125 ml
- mešanica divjega riža 300 g
- timijan 2 vejici, nabrani listi
- 2 litra segrete zelenjavne osnove
- arborio riž 100 g
- mešanih gob 200g očiščenih in narezanih
- crème fraîché z nizko vsebnostjo maščob 2 žlici

navodila:

a) Pečico segrejte na 200C/ventilatorsko 180C/plin 6. Odrežite vrh česna, tako da bo večina strokov izpostavljenih.

b) Natrite z 1 žličko olja, vse skupaj začinite, tesno zavijte v folijo in s prerezano stranjo navzgor položite na pekač. Pražimo 30-40 minut, da se česen res zmehča, ko ga stisnemo.

c) V ponvi segrejte 1 žličko olja in prepražite šalotko do mehkega. Prilijemo vino in dušimo, dokler se ne zmanjša za polovico, nato vmešamo mešanico divjega riža in polovico timijana. Dodajte juho po 1/3 naenkrat in pogosto mešajte.

d) Po 20 minutah in vmešani približno 2/3 jušne osnove dodajte arborio in kuhajte še 20 minut oziroma dokler se riž ne zmehča. Če je vsa juha popijena, riž pa ni kuhan, prilijemo malo vode.

e) Gobe pražite na 1 čajni žlički olja 5-10 minut, da zlato porjavijo in postanejo mehke. Začinimo in dodamo še preostale lističe timijana.

f) Skozi rižoto premešajte gobe in crème fraîché. Stroke česna iztisnite iz olupkov in jih premešajte, da jih postrežete.

51. Rižota z gobami in špinačo

Služi 2

Sestavine:

- posušeni jurčki 25g
- maslo 50 g
- čebula 1 majhna, drobno sesekljana
- česen 1 strok, zdrobljen
- kostanjevi gobici 200g narezani
- riž za rižoto 150 g
- kozarec belega vina
- 750 ml zelenjavne jušne osnove, ki naj počasi vre
- 100 g špinače, oprane in narezane
- parmezan nekaj ostružkov (neobvezno)

navodila:

a) Jurčke za 10 minut namočimo v skodelico vrele vode. Tekočino precedimo skozi cedilo, da odstranimo morebitne peske in jo hranimo za rižoto. Jurčke grobo nasekljajte.

b) V široki plitvi kozici segrejemo maslo in pražimo čebulo in česen, dokler se ne zmehčata. Dodajte kostanjeve gobe in kuhajte 5 minut, nato dodajte jurčke in rižotni riž ter mešajte, dokler se ne prekrije.

c) Nalijte vino in brbotajte, dokler se vse ne vpije. Postopoma dodajajte osnovo in tekočino za namakanje jurčkov ter mešajte, dokler se riž ne zmehča, vendar še vedno ostane majhen (morda ne boste potrebovali vse jušne osnove).

d) Premešajte špinačo, dokler le ne oveni. Po želji postrezite potreseno z malo parmezana.

52. Rižota z gobami

Služi 8

Sestavine:

- olivno olje
- čebula 2, drobno sesekljana
- česen 3 stroki, zdrobljeni
- riž za rižoto 350g
- zelenjavna osnova 1 liter, vroča
- gozdne gobe 200 g
- maslo 25 g, plus gumb
- timijan 5 vejic
- parmezan ali grana padano (ali zelenjavna alternativa) 85 g, nariban
- rikota 150 g
- jajca 2, pretlačena z vilicami
- taleggio ali vegetarijanska alternativa 85 g, narezan na tanke rezine

navodila:

a) V veliki ponvi segrejte 2 žlici olivnega olja in na njem rahlo prepražite čebulo in česen, da se dobro zmehčata.

b) Mešajte riž za minuto, nato pa začnite mešati osnovo, zajemalko naenkrat, tako da vsaka zajemalka vpije, preden dodate naslednjo. Kuhamo in dodajamo osnovo približno 20 minut, dokler se riž ne zmehča. Razporedimo po pladnju, da se ohladi in malo strdi.

c) Medtem segrejte pečico na 180C/ventilatorsko 160C/plin 4. 22 cm globok pekač z ohlapnim dnom rahlo premažite z maslom. Gobe stresemo v očiščeno ponev z maslom in lističi timijana z 2 vejic ter pražimo, da zlato porjavijo in postanejo mehke.

d) Ohlajen riž stresemo v skledo mešalnika z večino gob, vsem parmezanom, rikoto in jajci, dodamo obilo začimb in dobro premešamo.

e) Riževo mešanico stresite v pekač in močno pritisnite, da zgladite vrh. Potresemo preostale gobe, taleggio in vejice timijana ter pritisnemo, da se vse skupaj sprime, nato pa pokapljamo z malo olivnega olja.

f) Pečemo 25-30 minut, dokler ne postanejo zlate in hrustljave na vrhu. Ohladite 20 minut, nato narežite na rezine in postrezite s solato.

53. Rižota z jajci in fižolovimi kalčki

Dobitek: 4 porcije

Sestavine

- 4 jajca
- 1 velika čebula; drobno narezan
- 1 zelena paprika; odstranimo semena in narežemo
- 2 žlici rastlinskega olja
- 125 gramov gob; narezana
- 225 gramov zdrobljene (bulgar) pšenice
- 400 gramov konzerviranih vrhunskih sesekljanih paradižnikov
- 450 mililitrov Zelenjavna osnova iz jušne kocke
- 200 gramov fižolovih kalčkov
- 4 žlice Satay omake za praženje
- Sol in sveže mlet črni poper
- Sveži listi koriandra za okras, po želji

navodila:

a) Jajca damo v ponev s hladno vodo, zavremo in kuhamo 7 minut, da se trdo skuhajo. Odcedite, takoj razdrobite lupine in jih pustite pod tekočo hladno vodo, dokler se ne ohladijo. Pustite v skledi, dokler ni potrebno.

b) Čebulo in papriko pražite na olju v veliki ponvi 3-4 minute, dokler se ne zmehčata. Dodamo gobe in zdrobljeno žito, vse dobro premešamo, nato dodamo narezan paradižnik in zelenjavno osnovo.

c) Zavremo, nato pa pustimo vreti 10 minut, da pšenica lepo napihne in se juha skoraj vsa popije.

d) Medtem olupimo jajca, tri grobo sesekljamo, preostalo pa narežemo na četrtine in odstavimo.

e) Dodajte sesekljana jajca v mešanico pšenice in satay omake ter segrevajte 2-3 minute.

f) Dobro začinimo s soljo in poprom, nato pa rižoto zvrnemo v ogret servirni krožnik in okrasimo s preostalim jajcem in listi svežega koriandra, če jih uporabljamo.

54. Paradižnikova rižota in gobe

Dobitek: 1 porcija

Sestavine

- 1 funt svežih paradižnikov; razpolovljena in posejana
- Pokapljamo z oljčnim oljem
- Sol
- Sveže mleti črni poper
- 4 srednje velike gobe Portobello; pecljate in očiščene
- 1 funt svežega sira mozzarella; narezana
- 1 žlica olivnega olja
- 1 skodelica sesekljane čebule
- 6 skodelic vode
- 1 čajna žlička sesekljanega česna
- 1 funt riža Arborio
- 1 žlica nesoljenega masla
- $\frac{1}{4}$ skodelice težke smetane

- ½ skodelice sveže naribanega sira Parmigiano-Reggiano
- 3 žlice sesekljane zelene čebule;

navodila:

a) Žar segrejte na 400 stopinj. V skledi za mešanje premešajte paradižnike z oljčnim oljem, soljo in poprom. Položimo na žar in pečemo 2 do 3 minute na vsaki strani. Odstranite z žara in postavite na stran. Pečico segrejte na 400 stopinj.

b) Gobo portobello položite na pekač, obložen s pergamentom, z vdolbino navzgor. Gobe na obeh straneh pokapamo z olivnim oljem.

c) Obe strani začinite s soljo in poprom. Razpihajte četrtino sira čez vsako votlino gob.

d) Postavite v pečico in kuhajte, dokler se gobe ne zmehčajo in sir postane mehurček, približno 10 minut. V veliki ponvi na srednjem ognju segrejte olivno olje.

e) Dodajte čebulo. Začinimo s soljo in poprom. Pražite, dokler se čebula rahlo ne zmehča, približno 3 minute.

f) Dodamo vodo in česen. Mešanico zavremo, zmanjšamo ogenj na srednjo temperaturo in pustimo vreti približno 6 minut.

g) Dodajte riž in med nenehnim mešanjem dušite, dokler zmes ne postane kremasta in mehurčkasta, približno 18 minut. Vmešajte maslo, smetano, sir in zeleno čebulo.

h) Med stalnim mešanjem dušimo približno 2 minuti. Odstavite z ognja in vmešajte paradižnik. Za serviranje vsak portobello narežite na četrtine. V vsak servirni krožnik z žlico naložimo rižoto. Na rižoto položite 2 rezini portobella.

i) Okrasite s peteršiljem.

55. Rižota s šparglji in gobami

Dobitek: 4 porcije

Sestavine

- Olivno ali solatno olje

- 1½ funta špargljev, obrezanih s trdimi konicami in narezanih na 1 1/2-palčne kose

- 2 srednje velika korenčka, narezana na tanke rezine

- ¼ funta gob Shiitake, odstranjenih stebel in klobukov, narezanih na 1/4 palca debele

- 1 srednja čebula, sesekljana

- 1 srednja rdeča paprika, narezana na 1 cm dolge trakove

- 2 paketa (5,7 oz) mešanice rižote z okusom primavera ALI z okusom gob

- Vejice peteršilja za okras

- Nariban parmezan (opcija)

navodila:

a) V 4-litrski ponvi na srednje močnem ognju v 1 T vročega olivnega ali solatnega olja kuhajte šparglje, dokler ne postanejo zlati in nežno hrustljavi. Z žlico z režami odstranite šparglje v skledo.

b) Na olju, ki je ostalo v ponvi, in dodatnem vročem oljčnem ali solatnem olju kuhajte korenje, gobe in čebulo, dokler zelenjava ne postane hrustljava in začne rjaveti. Dodajte rdečo papriko; kuhamo, mešamo, 1 minuto.

c) Dodajte mešanico rižote in 4 C vodo, na močnem ognju segrejte do vrenja.

d) Zmanjšajte toploto na nizko; pokrijemo in dušimo 20 minut. Odstranite ponev z ognja. Vmešamo šparglje; pokrijte in pustite stati 5 minut, da riž vpije tekočino.

e) Za serviranje rižoto naložite na krožnik. Okrasite z vejicami peteršilja.

f) Po želji postrezite z naribanim parmezanom.

56. Rižota z jesensko zelenjavo

Dobitek: 4 porcije

Sestavine

- 2 žlici olivnega olja
- 2 žlici masla
- 1 čebula, sesekljana
- 2 stroka česna, nasekljana
- 1 skodelica gob, narezanih
- 1 bučke, velike kocke
- 1 sladka rdeča paprika, narezana na kocke
- 1 skodelica koruznih zrn, kuhana
- 1 čajna žlička svežega rožmarina, sesekljanega
- $\frac{1}{4}$ čajne žličke popra
- ščepec soli
- ščepec kosmičev feferona
- 1 žlica naribane limonine lupinice
- $1\frac{1}{2}$ skodelice riža Arborio

- 4½ skodelice zelenjavne/piščančje juhe
- ¾ skodelice sveže naribanega parmezana
- 1 žlica limoninega soka

navodila:

a) V veliki težki ponvi segrejte polovico olja in masla na srednji vročini; čebulo, česen in gobe med mešanjem kuhajte 5 minut ali dokler se ne zmehčajo.

b) Dodamo bučke, rdečo papriko, koruzo, rožmarin, poper, sol in feferone v kosmičih; kuhajte in mešajte 3-5 minut ali dokler tekočina ne izhlapi.

c) Odstranite iz ponve in odložite; hraniti na toplem.

d) V isti ponvi na srednje močnem ognju segrejte preostalo olje in maslo. Dodamo limonino lupinico in riž; med mešanjem kuhajte 1 minuto. Vmešajte ½ skodelice jušne juhe; med nenehnim mešanjem kuhajte, dokler ne vpije vsa tekočina.

e) Dodajajte osnovo, ½ skodelice naenkrat, kuhajte in mešajte, dokler se vsak dodatek ne vpije, preden dodate naslednjega, dokler riž ni mehak skupaj 15-18 minut.

f) Vmešajte ½ skodelice sira. Vmešajte limonin sok in mešanico zelenjave; toplote skozi. Začinite z več soli in popra po okusu.

VEGANSKA RIŽOTA

57. Veganska rižota

Služi 4

Sestavine:

- olivno olje 1 žlica
- čebula 1, drobno sesekljana
- koromač 1 čebulica, drobno sesekljana
- bučko 1 po dolgem prepolovite in na tanko narežite
- česen 3 stroki, drobno sesekljan
- semena komarčka ½ čajne žličke, rahlo zdrobljena
- riž za rižoto 200 g
- vegansko belo vino majhen kozarec (neobvezno)
- zelenjavna juha 800 ml, vroča
- zamrznjen grah 200 g
- prehranski kvas 2 žlici
- 1 limona, olupljena in iztisnjen sok
- ploščati peteršilj majhen šopek, drobno sesekljan

navodila:

a) V večji globoki ponvi segrejte olivno olje, dodajte čebulo, koromač in bučko ter pražite 10 minut, dokler se ne zmehčajo, če se začne prijemati, dodajte kanček vode.

b) Dodajte česen in semena koromača ter kuhajte 2 minuti, nato dodajte riž in mešajte, dokler ni vsako zrno rahlo prekrito z oljem. Prilijte vino, če ga uporabljate, in brskajte, dokler se ne zmanjša na polovico.

c) Zelenjavno osnovo hranimo v ponvi na zelo majhnem ognju, da ostane topla. Rižoti dodajamo zajemalko za zajemalko, šele ko je zadnja žlica popolnoma popijena, in ves čas mešamo.

d) Ko je riž kuhan, a se še malo ugrizne, dodamo zamrznjen grah in kuhamo še nekaj minut, dokler ni ravno kuhan.

e) Vmešajte prehranski kvas, limonino lupinico in sok ter nekaj začimb, porazdelite med plitve sklede in potresite s peteršiljem.

58. Veganska gobova rižota

Služi za 4-6

Sestavine:

- posušene gobe jurčki 20 g
- olivno olje 1½ žlice
- čebula 1 velika, drobno sesekljana
- zelena 2 palčki, drobno sesekljani
- kostanjevi jurčki 150g, narezani
- česen 3 stroki, zdrobljeni
- riž za rižoto 300 g
- vegansko belo vino 125 ml
- vroča zelenjavna juha 200-400 ml
- limona ½ majhna, olupljena
- peteršilj majhen šopek, drobno sesekljan
- pasta iz tartufov 1-2 žlici, odvisno od jakosti

VLOŽENE GOBE

- jabolčni kis 75 ml
- železni sladkor 50 g

- mešane gozdne gobe 50g, narezane na grižljaj

Gobe s tartufi

- mešanih gozdnih gob 100g, narezanih na grižljaj

- drobnjak, drobno narezan, da naredite 1 žlico, plus dodatek za serviranje

- tartufovo olje 1 žlica, plus dodatek za postrežbo

navodila:

a) Posušene jurčke damo v toplotno odporno posodo in prelijemo s 600 ml pravkar zavrele vode. Pustite, da se namaka.

b) Za pripravo vloženih gob v manjšo ponev dajte kis, 75 ml vode, sladkor in ščepec soli. Segrevamo toliko časa, da se sladkor raztopi, nato odstavimo z ognja, da se nekoliko ohladi.

c) Gobe dajte v toplotno odporno skledo, prelijte s tekočino za vlaganje in pustite, da pripravite rižoto.

d) V globoki ponvi na zmernem ognju segrejte 1 žlico olja in pražite čebulo in zeleno 10 minut, da se zmehčata, a ne zlatorjavo. Dodamo kostanjeve gobe in nekoliko povečamo ogenj.

e) Med pogostim mešanjem pražimo še 8-10 minut oziroma dokler gobe ne spustijo tekočine in začnejo postajati zlate.

f) Precedite jurčke v vrč, zadnjih nekaj žlic jušne osnove pa zavrzite. Česen in riž stresite v ponev z zelenjavno mešanico, riž premažite z oljem in kuhajte 1-2 minuti ali dokler česen ne zadiši.

g) Dodajte vino in ga za minuto brbotajte, nato dodajte jurčkovo osnovo, kanček za kančkom, nenehno mešajte in počakajte, da se vsak dodatek vpije, preden dodate še.

h) Ko dodamo vso gobovo osnovo, dodamo še zelenjavno osnovo.

i) Po približno 15-20 minutah preverite, ali je riž mehak. Dodajte še malo juhe ali vode, če morate kuhati še nekaj minut.

j) Ko je riž ravno mehak, vmešajte rehidrirane jurčke, limonino lupinico, peteršilj in pasto s tartufi. Pokrijte, odstavite z ognja in pustite 5 minut.

k) Za jurčke s tartufi v ponvi na močnem ognju segrejemo preostalo olivno olje, na katerem gobe zlato zlato zapečemo in rahlo zmehčamo. Začinimo s soljo, nato odstavimo z ognja in vmešamo drobnjak in olje iz tartufov.

l) Gobe s tartufi nežno vmešamo v rižoto, nato odcedimo vložene gobe in jih po žlicah stresemo po vrhu.

m) Za serviranje pokapajte še z nekaj tartufovega olja in potresite z drobnjakom.

59. Pirina rižota z gobami

Služi 4

Sestavine:

- posušene gobe jurčki 20 g
- rastlinsko olje 2 žlici
- kostanjevi gobici 250g, narezani
- čebula 1, drobno sesekljana
- česen 2 stroka, drobno sesekljan
- biserna pira 250g
- kozarec belega vina (neobvezno)
- zelenjavna juha 500 ml, vroča
- mehki sir 2 žlici
- Italijanski trdi sir 25 g, drobno nariban, plus dodatek za postrežbo
- ploščati peteršilj majhen šopek, liste natrgamo
- 1 limona, olupljena in iztisnjen sok

navodila:

a) Posušene jurčke stresemo v manjšo posodo in prelijemo z 250 ml pravkar zavrele vode.

b) V veliki ponvi na močnem ognju segrejte 1 žlico rastlinskega olja in dodajte kostanjeve gobe. Kuhajte 5-10 minut oziroma dokler vsa vlaga ne izhlapi in niso karamelizirani.

c) Zmanjšamo ogenj in dodamo preostalo olje, čebulo, česen in malo začimb ter na tihem kuhamo 5 minut do mehkega.

d) Dodajte piro in mešajte, dokler ni popolnoma prekrita z oljem. Zalijemo z vinom, če ga uporabljamo, in kuhamo, dokler se ne zmanjša za 1/2.

e) Jurčke odcedimo, tekočino obdržimo, nasekljamo in vmešamo v rižoto. Tekočino iz jurčkov dodamo v osnovo in jo po zajemalki vmešamo v rižoto. Kuhajte 25 minut oziroma dokler se pira ne zmehča.

f) Premešajte mehke in trde sire, nato pa peteršilj.

g) Za serviranje razdelite med sklede, stisnite malo limoninega soka, potresite limonino lupinico in dodaten sir, če želite.

60. Rižota z bučkami in grahom

Služi 4

Sestavine:

- olivno olje v spreju
- čebula 1 velika, narezana na kocke
- česen 1 strok, zdrobljen
- biserni ječmen 200 g
- zelenjavna juha 600 ml, vroča
- svež grah 150 g
- bučke 2, narezane
- 6 srčkov artičoke v slanici, narezanih
- kvark 3 žlice

navodila:

a) V ponvi segrejte olivno pršilo in prepražite čebulo do mehkega. Za minuto dodajte česen, nato dodajte ješprenj. Premešamo s čebulo in zalijemo z vročo osnovo.

b) Pokrijte in dušite 40 minut oziroma dokler se ječmen ne zmehča.

c) Grah, bučke in artičoke obilno začinimo in dušimo še 5 minut, da se grah skuha.

d) Odstranite z ognja, vmešajte quark in postrezite.

61. Rižota s porom in parmezanom

Služi 2

Sestavine:

- maslo 25g
- olivno olje 1 žlica
- mlada čebula 4, sesekljana
- por 2, orezan in drobno narezan
- česen 2 stroka, narezan
- arborio riž 150 g
- kozarec belega vina
- zelenjavna ali piščančja juha 750 ml
- parmezan (ali vegetarijanska alternativa) 25g, drobno nariban (mi smo uporabili Parmigiano Reggiano)

navodila:

a) Zakuhamo, da zavre. Segrejte veliko široko ponev in dodajte polovico masla in olivno olje. Dodamo mlado čebulo, por in česen ter kuhamo 5 minut, dokler se ne zmehčajo.

b) Dodajte riž in premešajte, da se prekrije, nato nalijte vino in brbotajte, dokler se ne zmanjša. Po malem dodajajte juho in mešajte, dokler riž ni mehak, z majhnim ugrizom in tekočim.

c) Vmešamo parmezan in preostanek masla ter začinimo.

62. Zeljna rižota

Dobitek: 3 porcije

Sestavine

- 4 žlice olivnega olja
- ⅓ skodelice čebule, sesekljane
- 1 skodelica riža Arborio
- 2¾ skodelice zelenjavne juhe
- 1 skodelica zelenega zelja, naribanega
- ¼ skodelice italijanskega peteršilja, sesekljanega
- Sol in poper, po okusu

navodila:

a) V velikem loncu segrejte olje, dokler ni vroče. Dodamo čebulo, premešamo, da se prekrije in pražimo nekaj minut, da postane mehka, vendar ne porjavi. Dodajte riž, premešajte in kuhajte 1 minuto.

b) Dodamo juho in ob pogostem mešanju zavremo. Pustite, da juha zavre, zmanjšajte ogenj in delno pokrito kuhajte 10 minut.

c) Dodamo zelje, peteršilj, sol in poper. Dobro premešajte in dušite, občasno premešajte, dokler riž ni kuhan in kremast ter vpije vso palčko.

d) Postrezite takoj.

RIŽOTA MORSKA

63. Rižota s kozicami in pokrovačami

Služi 4

Sestavine:

- maslo 100 g, plus gumb
- šalotki 2, drobno sesekljani
- riž za rižoto 450g
- ribja ali lahka piščančja juha 750 ml-1 liter, vroča
- surove olupljene kozice 350-400g
- 1 limona, olupljena in iztisnjen sok
- mascarpone 3 žlice
- pokrovače 12, oranžne ikre in stranske mišice odstranjene
- drobnjak 1 šopek, drobno sesekljan
- bazilika ½ šopka, sesekljana

navodila:

a) V veliki ponvi z debelim dnom stopite maslo in šalotko rahlo prepražite, da se zmehča, a ne obarva. Dodajte riž in mešajte, dokler zrna niso dobro obložena z maslom.

b) Vročo osnovo dodajajte postopoma, približno 200 ml naenkrat, pri čemer vsak dodatek dobro premešajte, dokler se riž ne zmehča, kar bo trajalo približno 20 minut. Koliko zaloge potrebujete, je odvisno od vrste riža, ki ga uporabljate.

c) Dodajte kozice, ko je riž pečen, vendar še vedno al dente, nato začinite in dodajte limonino lupinico in sok. Kozice obrnemo, da se zapečejo na obeh straneh, ko so pečene, dodamo mascarpone in ga prepognemo.

d) Rižoto pustite stati 5 minut, medtem ko na koščku masla v ponvi po minuto popečete pokrovače na vsaki strani. Te dodamo rižoti in potresemo s sesekljanim drobnjakom in baziliko.

64. Rakova rižota s špinačo in grahom

Služi za 4-6

Sestavine:

- olivno olje za cvrtje
- čebula 1, narezana na tanke rezine
- mlada čebula majhen šopek, drobno narezan
- arborio riž 350 g
- česen 2 stroka, zdrobljen
- belo vino 170 ml
- piščančja juha 1,1 litra
- zamrznjeni petits pois 150 g
- parmezan 70 g, nariban, plus dodatek za postrežbo
- $\frac{1}{2}$ limone, stisnjenega soka, plus rezine za postrežbo
- dvojna smetana 2 žlici

Zelena omaka

- špinača 200 g

- zamrznjen petits pois 150g, odmrznjen
- ekstra deviško oljčno olje 60 ml

Rakova salsa

- ½ rdeče čebule, drobno sesekljane
- belega rakovega mesa 200 g
- 1 rdeči čili, brez semen in drobno narezan
- ploščati peteršilj pest, sesekljan
- ½ limone, iztisnjenega soka

navodila:

a) V velikem loncu ali globoki ponvi segrejte olje in na njem nežno pražite čebulo in mlado čebulo 5 minut, dokler se ne zmehčata.

b) Povečajte ogenj na srednjo temperaturo, dodajte riž in česen ter pražite 1 minuto, dokler riž ni prekrit z oljem in postane prosojen.

c) Prilijemo vino, ves čas mešamo in pustimo, da se skoraj popolnoma zgosti.

Zmanjšajte ogenj na nizko-srednje in počasi dodajte osnovo, zajemalko naenkrat, ob rednem mešanju, dodajte šele, ko se zadnja zajemalka vpije. Sezona.

d) Za zeleno omako dajte špinačo, grah, olivno olje in 100 ml vode v blender ali kuhinjski robot. Blitz do gladke omake.

e) Ko dodate vso juho in je riž skoraj kuhan (to bo trajalo približno 25-30 minut), vmešajte zeleno omako. Rižoto mešamo še 10 minut, nato vanjo vmešamo grah, parmezan, limono in smetano.

f) Začinimo in dušimo 5 minut, da se grah skuha in riž zmehča.

g) Zmešajte vse sestavine za rakovo salso.

h) Za serviranje rižoto naložite v sklede in prelijte s salso iz rakovice ter kančkom oljčnega olja. Postrezite z rezinami limone in parmezanom.

65. Rižota z vročim dimljenim lososom

Služi 2

Sestavine:

- maslo
- čebula 1, drobno sesekljana
- riž za rižoto 150 g
- kozarec za belo vino, približno 125 ml
- zelenjavna osnova 1 liter segrevamo in dušimo
- 1 limona, iztisnjena in olupljena
- peščica kopra, sesekljan
- vroče dimljeni fileti lososa 150g, kosmiči

navodila:

a) V široki plitvi ponvi stopite košček masla.

b) Čebulo kuhamo do mehkega, nato dodamo riž in premešamo, da se prekrije. dolijte vino in brbotajte, dokler se ne vpije, nato postopoma dodajte osnovo in mešajte, dokler se riž ne zmehča.

c) Dodamo limono, vmešamo lososa in koper ter postrežemo.

66. Rižota z rakovico na rjavem maslu

Služi 2

Sestavine:

- šalotke 2 dolgi ali 4 okrogle, narezane na kocke
- slano maslo 25 g, plus nekaj gumbov
- riž za rižoto 150 g
- rjavega ali belega rakovega mesa 100 g mešanega lonca
- suho belo vino 175 ml
- ribja juha 550 ml, vroča
- nariban parmezan 1 žlica
- belega popra ali mlete mace ali muškatnega oreščka ščepec vsakega
- nekaj drobnjaka, narezanega za serviranje

navodila:

a) Šalotko na nekaj kockicah masla v ponvi nežno zmehčamo. Ko se zmehčajo, a ne obarvajo, za minuto mešamo riž, nato pa le še rjavo rakovo meso. Zalijemo z vinom in dušimo, dokler skoraj ne izpari.

b) Zajemalko naenkrat dodajte večino ribje osnove (nekaj žlic pustite zadaj), po vsakem dodajanju mešajte, dokler se juha skoraj ne vpije.

c) Ko je riž mehak in kremast, odstavimo z ognja, vmešamo parmezan in pokrijemo s pokrovko ali pladnjem, da ostane topel.

d) V majhni ponvi stopite 25 g masla. Ko se popolnoma stopi, med nenehnim mešanjem nekoliko povečamo ogenj, dokler ni maslo zlato rjavo in oreščkovo.

e) Vmešajte belo rakovo meso, da se nežno segreje.

f) Rižoto odkrijemo in premešamo – če se je med stanjem zgostila, vmešamo še zadnjo zajemalko juhe – ter začinimo s ščepcem mlete mace, muškatnega oreščka, belega popra in soli.

g) Z žlico prelijte belo rakovo meso in rjavo maslo. Za serviranje potresemo z drobnjakom.

67. Rižota s školjkami

Služi 4

Sestavine:

- 1,2 kg (2 lbs) svežih, živih školjk, temeljito skrtačenih in očiščenih
- 6 žlic ekstra deviškega oljčnega olja
- 2 stroka česna, olupljena in drobno sesekljana
- 600 g zrelih, mehkih paradižnikov,
- 350 g (12 oz) po možnosti riža Arborio
- 1,2 litra (2 pinta) ribje juhe
- pest svežega listnatega peteršilja
- morska sol in sveže mlet črni poper
- 25 g (1 oz) nesoljenega masla

navodila:

a) Vse čiste školjke dajte v široko, plitvo ponev. Ponev pokrijemo in ponev postavimo na srednji do močan ogenj.

b) Ponev pretresite nad ognjem, da se vse školjke odprejo.

c) Po približno 8 minutah se bodo odprle vse tiste, ki se bodo odprle. Školjke vzemite ven, ko se odprejo.

d) Školjke odstranite iz školjk in zavrzite vse razen najlepših školjk, ki jih lahko prihranite za okras.

e) Tekočino iz školjk precedite skozi zelo fino cedilo in odstavite. Zavrzite vse neodprte lupine in prazne lupine, ki jih ne želite.

f) Nato skupaj prepražimo česen in olje, dokler česen ne postane rjav, nato dodamo ves riž.

g) Temeljito premešajte, dokler riž ne prasketa in je dobro prekrit z oljem in česnom. Zdaj dodajte tekočino iz školjk in paradižnika.

h) Mešajte, dokler riž ne vpije tekočine, nato pa postopoma prilivajte vročo ribjo osnovo.

i) Neprestano mešajte in dodajte juho šele, ko riž popije prejšnjo količino.

j) Tako nadaljujemo, dokler ni riž kuhan na tri četrtine, nato dodamo kuhane školjke in peteršilj.

k) Začinite s soljo in poprom ter nadaljujte z dodajanjem jušne mase, premešajte in dolijte še eno juho, ko riž vpije prejšnjo juho.

l) Ko je riž kremast in žameten, a so zrna v sredini še čvrsta, rižoto odstavimo z ognja in vanjo vmešamo maslo.

m) Pokrijemo in pustimo počivati 2 minuti, nato prestavimo na segret krožnik, okrasimo s prihranjenimi školjkami in takoj postrežemo.

68. Rižota s školjkami

Dobitek: 4 porcije

Sestavine

- 1 kilogram školjk; očiščen
- 200 mililitrov suhega belega vina
- 600 mililitrov ribje osnove
- 3 žlice ekstra deviškega oljčnega olja
- 750 gramov ohlajenega nesoljenega masla; narezan na kocke
- 1 čebula
- 2 stroka česna; drobno sesekljan
- 1 2 1/2 cm pita sveža korenina ingverja, naribana
- 1 rdeči čili; olupljen in drobno sesekljan
- 350 gramov riža Arborio ali drugega riža
- 1 ščepec žafranovih prašnikov; namočeno v 1 žlico tople vode
- 225 gramov lignjev; očiščeno in narezano
- 225 gramov nekuhanih olupljenih tigrastih kozic

- 2 češpljeva paradižnika; posejana in narezana na kocke

- 2 žlici sesekljane sveže bazilike in ploščatega peteršilja

- Sol in sveže mlet črni poper

navodila:

a) Školjke položite v ponev s 50 ml/2 fl oz vina. Tesno pokrijte in kuhajte na močnem ognju nekaj minut, občasno stresajte, dokler se ne odprejo – vse, ki se ne odprejo, zavrzite. Precedimo skozi cedilo. Odstranite meso iz školjk in rezervirajte.

b) Zalogo dajte v ponev in prilijte tekočino za kuhanje, tako da za seboj pustite pesek – skupaj bi morali imeti 300 ml/pol litra. Pustite, da rahlo vre.

c) V ponvi segrejte dve žlici olja in 25 g/1 oz masla.

d) Dodajte čebulo, česen, ingver in čili ter kuhajte približno 5 minut, dokler se ne zmehčajo, vendar ne porjavijo.

e) Vmešajte riž in kuhajte nekaj minut, da postane oreščkov in dišeč. Dodajte preostalo vino in pustite, da začne brbotati, med mešanjem. Dodajte zajemalko jušne osnove in med mešanjem rahlo kuhajte, dokler se ne vpije.

f) Nadaljujte z dodajanjem zaloge na ta način, dodajte mešanico žafrana po približno 10 minutah - celoten postopek traja 20-25 minut, dokler riž ni mehak, vendar "al dente".

g) V voku segrejte preostalo žlico olja. Dodamo lignje in kozice ter med mešanjem pražimo 1-2 minuti, nato dodamo paradižnik, zelišča in odloženo meso školjk, premešamo in odstavimo z ognja.

h) Približno 2 minuti preden je rižota kuhana, dodajte mešanico školjk in nato dodajte preostalo maslo ter mešajte, dokler se ne emulgira. Postrezite takoj.

69. Rižota s kozicami po cajunsko

Dobitek: 4 porcije

Sestavine

- 29 unč piščančje juhe; 2 pločevinki
- 1 funt srednje velikih kozic; olušč eno in deveinirano
- 1 čajna žlička soli; razdeljen
- 2 žlici olivnega olja; razdeljen
- 10 unč paradižnika z zelenim čilijem; v pločevinkah (sok rezervirajte)
- 2 skodelici riža Arborio

navodila:

a) V veliki kozici zavrite juho in $2\frac{3}{4}$ skodelice vode.

b) V nizozemski pečici na močnem ognju 3 minute segrejte 1 žlico olja. Dodajte kozice, enakomerno razporedite po ponvi. Kuhajte 2 minuti, enkrat obrnite, dokler ne porjavi.

c) Dodajte paradižnik, zelene čilije in sok ter kuhajte 1 do 2 minuti; prenesite mešanico kozic v skledo.

d) Zmanjšajte toploto na srednje visoko. V lonec dodajte preostalo žlico olja. Dodajte riž in kuhajte 1 minuto, mešajte, dokler se zrna ne zableščijo. Vmešajte 1 skodelico mešanice juhe in kuhajte ter mešajte, dokler se tekočina ravno ne vpije.

e) Rižu postopoma dodajte preostalo mešanico juhe, ½ skodelice naenkrat, nenehno mešajte, dokler se tekočina ne absorbira, še 20 do 25 minut. Vmešajte mešanico kozic in preostalo ½ čajne žličke soli.

f) Postrezite takoj.

70. Rakov kolač in rižota z zeleno čebulo

Dobitek: 4 porcije

Sestavine

- 300 mililitrov fileja bela
- 2 jajci
- Sol in mleti beli poper
- 1 rdeči čili; s semeni in drobno
- ; sesekljan
- ½ čajne žličke mletega koriandra
- ½ čajne žličke mletega ingverja
- Malo drobno naribane limetine lupinice
- 1 šalotka; drobno sesekljan
- 85 mililitrov dvojne smetane
- 100 gramov mesa belega raka
- Navadno moko in suhe drobtine za
- ; premazovanje
- 1 žlica olivnega olja
- 2 šalotki; drobno sesekljan

- 1 strok česna; drobno sesekljan
- ½ čajne žličke svežega timijana; sesekljan
- 200 gramov riža za rižoto
- 400 mililitrov vroče zelenjavne osnove
- 2 žlici dvojne smetane
- 100 gramov maskarponeja
- 4 mlade čebule; sesekljan
- 75 gramov parmezana; nariban
- 200 gramov češpljevih paradižnikov; skinned, seeded
- 3 šalotke; drobno sesekljan
- 1 rdeči čili; zasejan
- 1 strok česna; zdrobljen
- 4 čajne žličke gorčičnega vinaigrette
- Rastlinsko olje za globoko cvrtje
- 4 žlice čilijevega olja
- vejice čebulice; okrasiti

navodila:

a) Za pogače z rakovicami utekočinite beljak z 1 jajcem do gladkega. Dodamo sol, poper, čili, koriander, ingver, limetino lupinico in šalotko, nato dodamo smetano in rakovo meso.

b) Razdelite na štiri in oblikujte kroge. Ohladite do trdnega.

c) Povaljamo v moki, namažemo s preostalim stepenim jajcem in potresemo s krušnimi drobtinami. Ponovno premažite z moko, jajcem in drobtinami, nato ohladite rakovice, dokler niso pripravljene za kuhanje.

d) Za rižoto v ponvi segrejemo olje, na katerem prepražimo šalotko, česen in timijan do mehkega. Dodamo riž in kuhamo 2-3 minute, nato zalijemo z vročo osnovo.

e) Med pogostim mešanjem kuhajte 10-15 minut, dokler se riž ne zmehča, vendar še vedno rahlo ugrizne.

f) Ko ste pripravljeni za serviranje, vmešajte smetano in ponovno segrejte. Dodamo mascarpone, mlado čebulo in parmezan ter preverimo začimbe.

g) Za salso zmešajte vse sestavine in ohladite.

h) Za serviranje popečemo rakovice v vročem olju do zlate barve. Odcedimo na kuhinjskem papirju. Na sredino štirih servirnih krožnikov z žlicami razporedite vročo rižoto in na vsako položite pogačo iz rakov. Na vsak kolaček z žlico nanesite malo salse in pokapajte rižoto s čilijevim oljem. Okrasite z vejicami čebulice.

71. Lososova rižota

Služi 4

Sestavine:

- 400 g (14 oz) fileja lososa
- 1 lovorjev list
- morska sol 400g (14oz)
- 5 zrn črnega popra
- 1 kozarec suhega belega vina
- 2 žlici sesekljanega svežega peteršilja
- pest peteršilja
- lupina ene zelo majhne limone
- 75 g (3 oz) nesoljenega masla
- 4 rezine dimljenega lososa, narezanega na trakove

navodila:

a) Operite in preglejte ribe ter odstranite vse vidne kosti.

b) Lovorjev list, sol, poper v zrnu, limonino lupino in peteršilj dajte v ponev, ki je dovolj velika, da sprejme ribe, in jo pokrijte z vodo.

c) Na rahlo dušite približno 20 minut, nato pa lososa spustite v vodo. Pražite približno 10 minut, nato pokrijte in odstranite z ognja.

d) Pustite lososa stati, dokler ni kuhan v vroči aromatizirani vodi.

e) Ribi previdno odstranimo kožo in fileje, nato pa jih narežemo na majhne koščke.

f) Precedite in zalogo prihranite. Zalogo pustimo vreti.

g) V globoki ponvi z debelim dnom prepražimo polovico masla in olje s šalotko, dokler se ravno ne zmehča.

h) Dodamo riž in zrna dobro prepražimo, nato dodamo vino.

i) Kuhajte 2 ali 3 minute, da alkohol izgori, nato začnite dodajati vročo lososovo osnovo, nenehno mešajte in vedno pustite, da se tekočina vpije, preden dodate več.

j) Pet minut preden je riž kuhan, vmešajte kuhane ribje fileje, med mešanjem jih nekaj razdrobite.

k) Ko je riž mehak, ponev odstavimo z ognja in vanjo vmešamo maslo.

l) Pokrijemo s pokrovom in pustimo počivati 2 minuti, nato prestavimo na krožnik. Za serviranje potresemo s sesekljanim peteršiljem, limonino lupinico in drobnimi trakovi dimljenega lososa.

72. Rižota z rakci

Dobitek: 4 porcije

Sestavine

- 1½ skodelice mesa rakov (ali jastoga kot nadomestek)
- 1 skodelica dolgega riža (dolgozrnat)
- 4 unče slanine
- 1½ skodelice bele omake
- 18 Ostrige, okrašene s perlicami
- ½ čajne žličke soli
- 2 žlici suhega šerija
- ½ skodelice paradižnika, prerezanega na polovice
- 3 limone, narezane na rezine
- peteršilj

navodila:

a) Slanino narežemo in popražimo. Ohranite vroče v pečici 2. Uporabite malo maščobe slanine, da popečete riž.

b) Med praženjem riž mešamo in pražimo do rjave barve.

c) Dodajte štiri skodelice vrele vode in sol ter kuhajte riž, dokler ni mehak. Odlijte vodo in riž segrejte v pečici.

d) Pripravite belo omako in dodajte šeri. Nato primešamo še rake in ostrige ter po okusu solimo in popramo.

e) Postrežemo na velikem krožniku z raki na sredini ter rezinami paradižnika in limone, ki jih ob robu potresemo s peteršiljem.

73. Ribja rižota z rožmarinom na žaru

Dobitek: 1 porcija

Sestavine

- 3 žlice oljčnega olja
- 2 žlici limoninega soka
- 2 žlici sveže sesekljanega rožmarina
- sol in poper po okusu
- 4 veliki fileji John Doryozriba s čvrstim mesom

Rižota

- 1 liter piščančje, ribje ali zelenjavne juhe
- 2 žlici masla ali olja
- 1 majhna čebula, drobno sesekljana
- 1 strok česna, zdrobljen
- 1 skodelica arborio riža
- 100 ml soka iz belega vina
- lupina 1 limone
- 100 g drobno naribanega parmezana

- sol in sveže mlet črni poper

navodila:

a) Zmešajte olje, limonin sok, rožmarin ter sol in poper. V to mešanico položite ribje fileje in jih pustite ob strani, dokler jih ne potrebujete. Za pečenje postavite pod segret žar za 3-4 minute na vsaki strani.

b) V ponev pristavimo osnovo in pustimo, da rahlo vre. V težki široki ponvi segrejte olje in dodajte čebulo in česen ter previdno pražite, dokler se ne zmehčata. Dodamo riž in dobro premešamo, da se pokapa z oljem ali maslom.

c) Vmešajte vino in kuhajte, dokler se ne vpije, nato prilijte malo jušne osnove. Nenehno mešajte in dodajajte osnovo, ko se vpije v riž.

d) Po približno 25 minutah bi morala rižota popiti večino jušne osnove ter biti kuhana in kremasta.

e) Dodamo limonin sok in lupinico parmezana, sol in poper.

f) Poskusite pravilno začiniti in takoj postrezite k ribam na žaru.

74. Rižota s ciplami

Dobitek: 4 porcije

Sestavine

- 4 fileji cipla obrezani
- 55 gramov riža Canaroli
- 30 gramov masla
- 1 majhna šalotka; drobno sesekljan
- 1 puščavska žlica blanširanega sesekljanega rožmarina
- 290 mililitrov vode ali juhe
- 1 muškatni orešček; nariban
- 290 mililitrov ribje osnove
- 1 majhna šalotka; grobo sesekljan
- 110 gramov nesoljenega masla

navodila:

g) Zmešajte olje, limonin sok, rožmarin ter sol in poper. V to mešanico položite ribje fileje in jih pustite ob strani, dokler jih ne potrebujete. Za pečenje postavite pod segret žar za 3-4 minute na vsaki strani.

a) Šalotko na maslu nekaj minut dušimo, dodamo riž, začinimo in kuhamo toliko časa, da zadiši po oreščkih. Zalogo dodajajte po malem in počakajte, da se vsak dodatek vpije, dokler je ne dodate več.

b) Ko zmanjka vsa juha, riž odstavimo z ognja in vmešamo rožmarin.

c) Šalotko in muškatni orešček stresite v približno pol unče masla.

d) Prilijemo ribjo osnovo in redčimo do tretjine, preostalo maslo narežemo na kocke in ga postopoma vmešamo v vrelo omako, preverimo začimbe in precedimo.

e) Ribje meso popečemo v vroči ponvi in nato pečemo s kožo navzgor na razmeroma vročem žaru, kar naj traja 5-8 minut.

f) Za serviranje na sredino krožnika damo rižoto, na vrh ribe in oblijemo z omako.

75. Rižota s karijevim jastogom

Dobitek: 1 obrok

Sestavine

- 2 funta kuhanega jastoga, brez kosti
- 1½ čajne žličke arašidovega olja
- 4 majhne šalotke; narezan na kocke
- 2 srednji španski čebuli; narezan na kocke
- ½ korenčka; drobno narezano na kocke
- 1 steblo zelene; drobno narezano na kocke
- 1 čajna žlička sveže korenine ingverja; drobno narezano na kocke
- 2 stroka česna; mleto
- 2 čajni žlički curryja v prahu; Zahodna Indija
- 1 skodelica riža Arborio na italijanski način
- 3 romski paradižniki; olupimo/semena
- 8 skodelic piščančje ali jastogove juhe

- ½ žlice sesekljanega koriandra
- 1 žlica tajske bazilike ali navadne
- 2 žlici parmezana
- 1½ žlice nesoljenega masla
- ½ skodelice papaje; na kocke
- ½ skodelice manga; na kocke
- ½ banane; narezana
- Sol, po okusu

navodila:

h) Zmešajte olje, limonin sok, rožmarin ter sol in poper. V to mešanico položite ribje fileje in jih pustite ob strani, dokler jih ne potrebujete. Za pečenje postavite pod segret žar za 3-4 minute na vsaki strani.

a) Segrejte arašidovo olje in prepražite šalotko, čebulo, korenček, zeleno, ingver, česen, kari in riž, dokler zelenjava ni mehka. Dodamo paradižnik in polovico jušne osnove.

b) Zavremo. Znižajte ogenj, da zavre, odkrito, občasno premešajte. Zmanjšujte, dokler skoraj ne zmanjka zalog. Dodajte preostalo juho in postopek ponavljajte, dokler riž ni al dente in juha ne izhlapi. Dodajte preostale sestavine. Dobro premešajte na močnem ognju.

c) Posolimo po okusu in dodamo meso jastoga. Premešamo in takoj postrežemo.

76. Rižota z rakovim mesom

Dobitek: 6 obrokov

Sestavine

- 3 žlice masla
- 1 majhna čebula, mleto
- 1½ skodelice riža Arborio
- 5 skodelic piščančje juhe
- ½ skodelice smetane za stepanje
- 3½ unče svežega kozjega sira
- 8 unč rakovega mesa
- ⅓ skodelice sesekljane sveže bazilike

navodila:

a) Zmešajte olje, limonin sok, rožmarin ter sol in poper.

b) V to mešanico položite ribje fileje in jih pustite ob strani, dokler jih ne potrebujete. Za pečenje postavite pod segret žar za 3-4 minute na vsaki strani.

c) V težki veliki ponvi na srednjem ognju stopite maslo. Dodamo mleto čebulo in pražimo, dokler ne postekleni, približno 3 minute.

d) Dodamo riž in pražimo 1 minuto. Rižu dodajte 1 skodelico piščančje juhe, zmanjšajte toploto in ob pogostem mešanju kuhajte, dokler se tekočina ne vpije.

e) Nadaljujte z dodajanjem dovolj preostale piščančje juhe, 1 skodelico naenkrat, dokler riž ni ravno mehak, a še vedno čvrst za ugriz, pogosto mešajte in pustite, da se vsak dodatek absorbira, preden dodate naslednjega, približno 20 minut. Dodamo smetano za stepanje in dušimo 2 minuti.

f) Zmešajte kozji sir, nato rakovo meso in sesekljano baziliko. Rižoto po okusu začinimo s soljo in poprom.

77. Rižota s kozicami in sladkimi šiškami

Dobitek: 4 porcije

Sestavine:

- 550 gramov naglavnih surovih kozic
- 1¼ litra zelenjavne ali piščančje juhe
- 85 gramov nesoljenega masla
- 2 šalotki; sesekljan
- 2 stroka česna; sesekljan
- 300 gramov riža za rižoto
- 1 majhna vejica rožmarina; 4 cm dolga
- 1 lovorjev list
- 250 gramov zrelih paradižnikov, sesekljanih
- 1 Kozarec izdatnega suhega belega vina
- 2 žlici sesekljanega peteršilja
- 3 žlice sesekljane sladke cilice
- 30 gramov parmezana; sveže naribano
- Sol in poper

navodila:

a) Kozice olupimo, meso obdržimo. V ponvi segrejte 15 g/1/2 oz masla v dovolj veliki ponvi, da je zaloga dovolj prostora.

b) Ko se speni, dodamo lupine in glave kozic ter mešamo, dokler ne postanejo lepo školjkasto rožnate. Dodajte osnovo in 600 ml vode ter zavrite. Kuhajte 30 minut, da izločite okus kozic in precedite.

c) Za kozice: Če vidite črno črto, ki poteka po njihovem hrbtu, naredite zarezo s konico ostrega noža po hrbtu in odstranite fino črno drobovje tik pod površino. Če so tigraste, kraljeve ali neke vrste velike kozice, jih razpolovite ali tretjinite.

d) Po potrebi juho zavremo in ogenj zmanjšamo na nitko, da ostane vroča in ne izvre. V široki ponvi stopite 45 g/1 1/2 oz preostalega masla.

e) Šalotko in česen zelo rahlo prepražimo na maslu, da posteklenita, ne da bi porjavela. V ponev dodamo rožmarin, riž in lovorov list ter mešamo približno minuto, dokler riž ne postekleni.

f) Dodamo paradižnik, peteršilj in vino. Začinimo s soljo in obilo popra ter pustimo vreti. Riževo mešanico nenehno mešajte, dokler ne popije vsa tekočina. Dodajte izdatno zajemalko jušne osnove in mešajte, dokler se tudi ta ne vpije.

g) Ponavljajte, dokler riž ni mehak, vendar z rahlo trdoto, vendar zagotovo ne kredasto. Konzistenca mora biti na meji juhe, saj je do priprave še nekaj minut.

h) Čas, da se tekočina vpije in riž skuha, mora biti približno 20-25 minut.

i) Nazadnje vmešajte kozice in sladko kepico ter med mešanjem kuhajte še 2-3 minute, dokler kozice ne postanejo rožnate. Vmešajte preostalo maslo in parmezan, okusite in prilagodite začimbe ter postrezite.

78. Rižota s kalamari

Dobitek: 1 porcija

Sestavine:

- 1½ funta lignjev z lovkami
- 4 žlice olivnega olja
- 1 velika čebula; sesekljan
- 1 Pimiento; sesekljan
- 1 vsak paradižnik; olupljen, narezan
- 2 stroka česna; mleto
- 1 žlica peteršilja, mletega
- košer sol; po okusu
- poper; po okusu
- 1 ščepec žafranove niti
- ½ vsake čili paprike, razrezane; razpadla
- ¼ skodelice suhega rdečega vina
- 2 skodelici kratkozrnatega riža
- 3 skodelice ribje juhe ali soka, segrete do vrenja
- 1 pimiento, narezan na trakove

Česnova omaka

- 3 stroki česna, strti
- ½ skodelice olivnega olja

navodila:

a) Očistite lignje, prihranite njihove črnilne vrečke in lovke. Lignje narežemo na ½ cm široke kolobarje ali na koščke. Sesekljajte lovke.

b) V širokem, plitkem loncu, po možnosti iz lončene posode s premerom približno 12 centimetrov, segrejte olje in na njem prepražite čebulo, dokler ne oveni.

c) Dodamo kolobarje in lovke lignjev in jih pražimo 5 minut; nato dodajte sesekljan pimiento, paradižnik, česen, peteršilj, sol, poper, žafran in čili poper.

d) Pokrijemo in dušimo 30 minut. Vrečke s črnilom zlomite v skodelico in zmešajte z vinom. Mešanico večkrat precedite skozi sito, dokler ne odstranite večine črnila. Rezerva.

e) V enolončnico dodajte riž in vrelo vročo juho ter vmešajte mešanico črnila. Začinimo s soljo in poprom. Zavremo in kuhamo na srednje močnem ognju, odkrito in občasno premešamo, 10 minut ali dokler riž ni več juhast, vendar ostane nekaj tekočine.

f) Okrasite s trakovi pimienta in prestavite v pečico, segreto na 325 stopinj. Pecite 15 minut brez pokrova, dokler se tekočina ne vpije, vendar riž ni povsem pečen. Odstranite iz pečice, rahlo pokrijte s folijo in pustite stati 10 minut.

g) Medtem ko riž počiva, pripravimo česnovo omako. Zdrobljen česen dajte v procesor ali mešalnik. Zelo postopoma, pri delujočem motorju, dolivajte olje. Mešajte do gladkega. Postrezite ločeno.

79. Rižota morske spake z žafranom

Dobitek: 1 porcija

Sestavine:

- 6 majhnih nadev morske spake
- riž
- 1 vrečka žafrana
- 2 žlici masla
- 1 ribja jušna kocka
- Marinirano olje; ali olivno olje za cvrtje
- Morska sol; posip
- poper; posip

navodila:

a) Skuhajte riž po navodilih na embalaži, dodajte ribjo osnovo in žafran.

b) Dodajte maslo, ko ste pripravljeni.

c) Kose rib preložimo na rešetko in jih na kuhalni plošči na obeh straneh pečemo približno 10 minut.

d) Ribe potresemo z morsko soljo in poprom ter pokapljamo z nekaj mariniranega olja ali samo oljčnega olja.

e) Zmešajte riž in ribe, da naredite rižoto.

80. Rižota marinara

Dobitek: 1 porcija

Sestavine:

- 1 žlica olivnega olja
- 2 stroka česna; mleto
- 200 gramov kalamarov; oprano
- 200 gramov surovih zelenih kozic; glave in lupine odstraniti
- 1 200 gramski file atlantskega lososa; narezan na kocke
- ½ skodelice mletega peteršilja
- 1 žlica olivnega olja
- 10 mlado čebulo; sesekljan
- 400 gramov riža Ferron
- 300 mililitrov suhega belega vina
- 800 mililitrov bogate ribje osnove; dušenje
- 4 romski paradižniki; drobno sesekljan
- 1 žlica kisle smetane

- 2 žlici naribanega parmezana
- ½ skodelice drobno sesekljanega peteršilja

navodila:

a) Segrejte olivno olje in na njem rahlo prepražite česen.

b) Dodamo pripravljene morske sadeže in na kratko kuhamo, dokler ribe in školjke ne postanejo prozorne, nazadnje dodamo še peteršilj. Odstranite z ognja in odstavite.

c) Segrejte preostalo žlico olivnega olja in prepražite mlado čebulo. Dodajte riž in premešajte, da se prekrije.

d) Prilijemo belo vino in pustimo, da se vpije, nato dodamo prvo ribjo osnovo skupaj z drobno narezanim paradižnikom.

e) Nadaljujte s kuhanjem in dolivajte osnovo, ko se prejšnja vpije.

f) Ko ostane le še majhna količina jušne osnove, prilijemo mešanico kuhanih rib in vse njene sokove z zadnjo osnovo in dušimo še približno 2 minuti oziroma dokler se večina tekočine ne vpije.

g) Dodajte kislo smetano, sir in peteršilj, dobro premešajte, da se prepoji in takoj postrezite.

81. Rižota s škampi

Dobitek: 6 obrokov

Sestavine:

- ½ funta kozic -- olupljenih
- 1 strok česna -- sesekljan
- 3 žlice limoninega soka
- 1 žlica peteršilja -- drobno sesekljanega
- 3 žlice masla
- 1 strok česna -- sesekljan
- 1 majhna čebula - drobno sesekljana
- 1¼ skodelice piščančje juhe
- ½ skodelice belega vina
- 1 skodelica riža Arborio
- ¼ skodelice parmezana -- naribanega

navodila:

a) PRIPRAVA KOZIC: Olupite, odstranite žile in prerežite na pol. Potresemo z limoninim sokom, česnom in peteršiljem.

b) Postavite v stekleno posodo in segrevajte v mikrovalovni pečici 3 minute pri visoki temperaturi. Odložite.

c) ZA PRIPRAVO RIŽOTE: V steklenem servirnem krožniku zmešamo maslo, česen in čebulo. Kuhajte na visoki temperaturi 2-3 minute. Vmešajte riž, da se prekrije. Dodamo segreto juho in vino. Pokrijte in kuhajte na visoki temperaturi 6 minut, dokler ne zavre.

d) Zmanjšajte visoko na srednjo in kuhajte še 6 minut. Vmešajte kozice in njihov sok ter kuhajte 3 minute na visoki temperaturi. Vmešajte sir in pustite stati 5 minut.

SIRNA RIŽOTA

82. Sirna pečenka koruzne rižote

Dobitek: 4 porcije

Sestavine:

- 1 žlica masla
- 1 čebula, sesekljana
- 1 skodelica sladke rdeče paprike, sesekljane
- 1 skodelica sladke zelene paprike, sesekljane
- 1 skodelica arborio ali kratkozrnatega riža
- $1\frac{1}{2}$ skodelice tople vode
- 2 skodelici koruznih zrn
- 1 skodelica mleka
- 1 jajce
- 2 žlički večnamenske moke
- $1\frac{1}{4}$ čajne žličke soli
- $\frac{3}{4}$ čajne žličke popra
- 2 skodelici belega starega čedarja, nastrganega

- ⅓ skodelice sveže bazilike, sesekljane
- 1 paradižnik, narezan
- 1 žlica parmezana, sveže naribanega

navodila:

a) V veliki ponvi stopite maslo na srednjem ognju; čebulo ter rdečo in zeleno papriko med občasnim mešanjem kuhajte 5 minut. Dodajte riž; med mešanjem kuhajte 1 minuto. Dodajte vodo in koruzo; zavrite.

b) Zmanjšajte toploto na nizko; pokrijte in kuhajte približno 15 minut ali dokler se tekočina ne vpije.

c) Zmešajte mleko, jajce, moko, sol in poper; vmešajte v mešanico riža skupaj s čedarjem in baziliko. Vlijemo v pomaščen 8-palčni kvadratni pekač. Po vrhu razporedite rezine paradižnika; potresemo s parmezanom.

d) Pecite na pekaču v pečici 350F 180C 25-35 minut ali dokler se tekočina ne vpije. Pustite stati 5 minut.

83. jotska rižota

Dobitek: 6 obrokov

Sestavine

- 4 žlice masla
- 2½ skodelice čebule; sesekljajte
- 2½ skodelice surovega dolgozrnatega riža
- 1 skodelica suhega belega vina
- 5 skodelic piščančje juhe
- 1½ čajne žličke soli
- ½ funta švicarskega sira; rešetka
- 2 žlici masla
- 7 unč gob v pločevinkah
- 2 žlici peteršilja; sesekljajte

navodila:

a) V 4-litrskem loncu raztopimo maslo in na njem prepražimo čebulo do zlate barve. Dodajte riž in mešajte, dokler ni dobro prekrit z maslom.

b) Dodajte belo vino in juho (ki je lahko del piščančje juhe in del vode) in sol.

c) Zavremo, pokrijemo in dušimo toliko časa, da se riž zmehča. Tekočina se bo vpila, vendar riž ne bo suh in puhast. Čas kuhanja od trenutka, ko riž začne vreti, do mehkega mora biti približno 20 minut.

d) Dodamo švicarski sir, mešamo, da se dobro premeša in stopi.

e) Lonec odstavimo z ognja in pokrito odstavimo. V ponvi raztopimo maslo in dodamo odcejene gobe.

f) Kuhajte jih nekaj minut, dokler niso popolnoma vroče. Ne zapecite jih.

g) Kuhan riž damo v večjo skledo, potresemo s peteršiljem in vse skupaj prelijemo z gobami. Postrezite takoj.

84. Kuskus rižota s pekorinom

Dobitek: 1 obrok

Sestavine

- ⅓ skodelice šalotke ali zelene čebule, sesekljane
- 1 žlica narezanega česna
- 2 skodelici gob šitake, narezanih, odstraniti stebla
- 2 žlici olivnega olja
- 2 skodelici izraelskega kuskusa (velika)
- ½ skodelice suhega belega vina
- 4 skodelice bogate piščančje ali zelenjavne juhe
- 1 žlica naribane limonine lupinice
- ½ skodelice trdnega zrelega paradižnika, brez semen, narezanega na kocke
- ¼ skodelice narezanega drobnjaka
- ½ skodelice pecorino sira, sveže naribanega
- Sveže gozdne gobe, pečene na žaru

- Popečene kapestose na žaru

navodila:

a) Šalotko, česen in šitake prepražimo na oljčnem olju, da se rahlo obarvajo. Dodamo kuskus in pražimo še minuto ali dve. Dodajte vino in 1 skodelico jušne osnove ter občasno premešajte, dokler se tekočina ne vpije.

b) Dodajte preostalo osnovo in nadaljujte s kuhanjem ter občasnim mešanjem, dokler se juha skoraj ne vpije (približno 10 minut). Vmešajte limonino lupinico, paradižnike, drobnjak in sir ter takoj postrezite v toplih skledah, obloženih z gobami na žaru in čebulo, če jo uporabljate.

85. milanska rižota

Dobitek: 1 obrok

Sestavine

- 1 srednje 1% mleka; sesekljan
- 5 žlic masla
- 3 žlice olivnega olja
- 2 skodelici riža Arborio
- ¾ skodelice belega vina
- ½ skodelice Reggiano parmezana
- 6 skodelic zaloge; (do 8)
- 1 ščepec žafrana

navodila:

a) Zalogo segrejte do vrenja, nato pa zmanjšajte ogenj, da se segreje, tako da tik pod vretjem med celotno operacijo. Odlijemo približno ½ C juhe in vanjo dodamo kar velik ščepec zdrobljenega žafrana.

b) V ponvi za rižoto nežno stopite 3 T masla skupaj s 3 T olivnega olja. Nato dodamo čebulo, povečamo ogenj na nizko in pražimo, dokler čebula ni mehka in postane ravno zlata. Proti koncu vse bolj mešamo, da se ne zažgejo. Medtem ko se to dogaja, naribajte približno ½ C sira.

c) Ko je čebula pečena, dodajte riž, povečajte toploto na srednjo temperaturo in mešajte približno 3 minute, dokler riž ni videti kot dragulji.

d) Dodajte vino in pustite, da zacvrči in odpari. Začnite dodajati osnovo, približno eno skodelico. Dodajte ga ob nenehnem mešanju in pustite, da se vpije, nato dodajte drugo skodelico in tako naprej, dokler ni al dente.

e) Ko se riž bliža koncu (in postane kremast), boste morda želeli dodajati juho po pol skodelice naenkrat, da ne bo preveč vodena.

f) Približno 20 minut dodajte osnovo z žafranom.

g) Rižota je pečena, vendar al dente. Med spremljanjem nenehno okušajte.

Ugasnite toploto. Vmešajte sir in preostalo maslo. Mešajte.

h) Prilagodite sol. Postrezite s preostalim vinom.

86. Rižota s tremi siri

Dobitek: 8 obrokov

Sestavine

- 1 žlica oljčnega olja
- 1 skodelica sesekljane čebule
- 1 sol; po okusu
- 1 sveže mlet beli poper; po okusu
- 6 skodelic piščančje juhe
- 2 žlički sesekljanega česna
- 1 funt riža arborio
- 1 žlica masla
- ¼ skodelice težke smetane
- ¼ skodelice naribanega sira parmigiano-reggiano
- ¼ skodelice naribanega sira romano
- ¼ skodelice naribanega sira Asiago
- 2 žlici sesekljanega drobnjaka

navodila:

a) V veliki ponvi na srednjem ognju dodajte olivno olje. Ko se olje segreje, dodajte čebulo in jo začinite s soljo in poprom.

b) Pražite 3 minute ali dokler se čebula rahlo ne zmehča. Dodamo osnovo in česen. Tekočino zavrite in zmanjšajte vreti. Kuhajte 6 minut.

c) Dodamo riž in ob stalnem mešanju dušimo 18 minut oziroma dokler zmes ne postane kremasta in mehurčkasta. Dodamo maslo, smetano, sir in drobnjak. Začinimo s soljo in poprom. Dušimo 2 minuti in takoj postrežemo.

87. Jalapeño rižota s sirom

Dobitek: 6 obrokov

Sestavine

- 6 skodelic nesoljene piščančje juhe
- ½ skodelice nesoljenega masla
- 1 skodelica mlete čebule
- 6 srednje velikih paprik Jalapeño; seme/mleto meso
- 1 strok česna; mleto
- 1½ skodelice riža Arborio
- 1 skodelica suhega sira Jack

navodila:

a) V težki ponvi zavrite juho na močnem ognju. Odstranite z ognja in hranite na toplem.

b) V veliki težki ponvi stopite maslo na zmerno nizkem ognju. Dodajte čebulo, jalapeño in česen ter med občasnim mešanjem kuhajte, dokler se ne zmehčajo, 6 do 8 minut. Dodamo riž in premešamo, da se dobro prekrije z maslom.

c) Vmešajte 1 skodelico vroče juhe in med mešanjem kuhajte, dokler se tekočina ne vpije, 10 do 12 minut.

d) Nadaljujte s kuhanjem rižote, dodajajte vročo osnovo, ½ skodelice naenkrat, in mešajte, dokler se ne vpije in so zrna ravno mehka, a še vedno trdna za ugriz, 30 do 40 minut.

e) Naribamo sir. V rižoto vmešajte ⅓ skodelice sira. Pokrijte in pustite stati 3 minute. Postrezite na krožnike in ločeno premešajte preostali sir in mlinček za poper. Za 6 kot prva jed.

88. Rižota s štirimi siri

Služi 4

Sestavine:

- 75 g (3 oz) nesoljenega masla
- 5 žlic naribanega sira Grana Padano
- 1 majhna do srednje velika čebula, olupljena in drobno sesekljana
- 40 g (1 1/2 oz) sira Fontina, narezanega na kocke
- 350 g (12 oz) riža Vialone Nano
- 40 g (1 1/2 oz) sira ementalca, narezanega na kocke
- 1,2 litra (2 pinta) zaloge
- 25 g (1 oz) gorgonzole ali dolcelate
- Morska sol in sveže mlet črni poper

navodila:

a) Na polovici masla pražimo čebulo približno 10 minut na zelo majhnem ognju oziroma dokler se čebula ne zmehča, a ne obarva.

b) Primešamo riž in zrna z vseh strani dobro popečemo, da so neprozorna, a ne obarvana.

c) Dodamo prvo zajemalko vroče juhe in premešamo.

d) Nato nadaljujte kot običajno, dodajte osnovo, pustite, da riž vpije tekočino in ves svoj okus ter nenehno mešajte.

e) Ko je riž skoraj povsem mehak in kremast, vanj vmešamo ves sir in preostanek masla.

f) Okusite in prilagodite začimbe, nato pokrijte in počivajte približno 3 minute, preden jih prestavite na krožnik za serviranje.

89. Rižota s porom in mascarponejem

Dobitek: 1 porcija

Sestavine:

- 3½ litra zelenjavne ali piščančje juhe
- 3 unče nesoljenega masla
- 4 por; narezan (beli del
- ; samo)
- 1 čajna žlička sesekljanih listov timijana
- 6 unč sira Mascarpone
- 2 čebuli; drobno sesekljan
- 1 funt riža Arborio ali cararoni
- 1 kozarec suhega belega vina
- 3 unče naribanega parmezana
- 4 žlice sesekljanega peteršilja
- Sol in mleti črni poper
- sončnična semena; popečen

navodila:

a) V ponvi stopimo polovico masla, dodamo čebulo, timijan in por ter dušimo 5-6 minut. Dodajte riž in kuhajte, dokler ni popolnoma prekrit z maslom.

b) Zalijemo z vinom, premešamo, postopoma dodajamo juho in kuhamo približno 15 minut. Nato vmešajte mascarpone sir, nato pa še parmezan.

c) Dodamo sesekljan peteršilj in preostanek masla, da jed dobi svilnat sijaj. Začinimo z mletim črnim poprom in soljo ter ponovno premešamo.

d) Rižoto nadevamo v krožnik in okrasimo s peteršiljem in praženimi sončničnimi semeni.

90. Pesto orehova rižota

Dobitek: 4 porcije

Sestavine:

- 1½ žlice rastlinskega olja
- ¾ skodelice sesekljane čebule
- 1 skodelica riža Arborio
- 3 skodelice piščančje juhe z nizko vsebnostjo maščob
- ¼ skodelice skoraj nemastnega pesta
- ½ skodelice orehov
- ¾ skodelice parmezana
- Sveže mleti črni poper

navodila:

a) V 2-litrski posodi, primerni za uporabo v mikrovalovni pečici, segrejte olje na visoki temperaturi 2 minuti. Vmešajte čebulo in kuhajte na visoki temperaturi 2:30. Vmešajte riž, da se pokapa z oljem in kuhajte 1:30. Dodajte 2 skodelici juhe in kuhajte na visoki temperaturi 14 minut ter enkrat premešajte.

b) Dodamo preostalo juho in pesto ter med enkratnim mešanjem kuhamo 12 minut. Preizkusite pripravljenost v zadnjih nekaj minutah kuhanja. Odstranite iz mikrovalovne pečice in vmešajte orehe in parmezan. Postrezite takoj.

91. Rižota z osmimi zelišči

Dobitek: 4 porcije

Sestavine:

- Ekstra deviško oljčno olje
- 1 strok česna
- 7 unč nelepljivega riža
- 1 skodelica belega vina
- 4 olupljeni paradižniki; sesekljan
- Sol
- 1 košček masla
- 4 žlice Parmigiano Reggiano
- 3 žlice smetane
- 6 listov bazilike
- 4 listi žajblja
- 1 šop peteršilja
- Nekaj iglic svežega rožmarina
- 1 ščepec timijana
- 1 šop drobnjaka

- 3 vejice svežega kopra

navodila:

a) Zelišča drobno sesekljajte in rahlo prepražite na oljčnem olju s česnom.

b) Medtem v slani vodi skuhamo narezan paradižnik.

c) Česen odstranimo in dodamo riž, na kratko prepražimo in prilijemo skodelico belega vina.

d) Ko tekočina izpari, dodamo narezan paradižnik.

e) Dodamo košček masla, obilen parmigiano in na koncu nekaj žlic smetane.

92. Rižota s penečim belim vinom

Služi 4

Sestavine:

- 1 čebula, olupljena in drobno sesekljana
- 1/2 do 1 steklenice Dry Spumante
- 1/4 palčke zelene, zelo drobno sesekljane
- 1,2 litra (2 pinta) piščančje juhe
- 75 g (3 oz) nesoljenega masla
- morska sol in sveže mlet črni poper
- 400 g (14 oz) po možnosti riža Arborio
- 50 g (2 oz) naribanega sira Grana Padano

navodila:

a) Na polovici masla zelo rahlo prepražimo čebulo in zeleno, da postaneta mehka in prozorna.

b) Dodamo ves riž in pražimo zrna, jih obračamo na maslu in čebuli, da se močno segrejejo, vendar ne porjavijo.

c) Dodajte velik kozarec, poln Spumanteja, in mešajte, dokler alkohol ne izhlapi, nato dodajte še vino in ponovite.

d) Ko porabite vse vino, razen zadnjega kozarca in izparite alkoholne hlape, začnite dodajati vročo osnovo.

e) Neprestano mešajte in počakajte, da se vsa tekočina vpije, preden jo dodate.

f) Nadaljujte s kuhanjem riža na ta način, mešajte in pazite, da riž vedno vpije osnovo, preden dodate več tekočine.

g) Ko je rižota kremasta in žametna, vendar so riževa zrna še čvrsta na ugriz, jo odstavite z ognja in vanjo vmešajte preostalo maslo, sir in zadnji kozarec Spumanteja.

h) Prilagodite začimbe in pokrijte približno 2 minuti, nato še enkrat nežno premešajte in preložite na segret krožnik.

SADNA RIŽOTA

93. Jabolčna rižota

Dobitek: 1 obrok

Sestavine:

- 2 žlici sladkega masla; plus 2 T
- 2 žlici deviškega oljčnega olja
- 1 velika rdeča čebula; drobno sesekljan
- 2 jabolki Granny Smith, olupljeni, brez peščic; narezane 1/8" kose
- 1½ skodelice riža Arborio
- 1 skodelica suhega belega vina
- 4 skodelice domače piščančje juhe
- ¼ skodelice sveže naribanega parmigiano-reggiana
- 1 šopek italijanskega ploščatega peteršilja
- Sol in mleti črni poper; po okusu

navodila:

a) Segrejte 2 žlici sladkega masla in deviško oljčno olje, dokler se ne stopita.

b) Dodamo čebulo in kuhamo na srednjem ognju, dokler ni mehka in še ne porjavi. Dodajte jabolka in riž ter kuhajte približno 3 do 4 minute, dokler riž ne postane biserno neprozoren. Dodamo vino in dušimo, dokler ne izhlapi.

c) Dodajte toliko tople piščančje juhe, da pokrije riž, in kuhajte, dokler nivo tekočine ne pade pod vrh riža.

d) Nadaljujte s kuhanjem, dodajajte osnovo in neprestano mešajte, dokler večina juhe ne zmanjka, približno 15 do 18 minut.

e) Vmešajte preostali 2 žlici masla, nariban sir in peteršilj ter začinite s soljo in poprom. Takoj postrezite z dodatnim naribanim sirom ob strani.

94. Rižota z mangom

Dobitek: 4 porcije

Sestavine:

- 3 skodelice vode
- 2 skodelici sladkorja
- 1 skodelica belega vinskega kisa
- 1 olupljen mango, narezan na kocke
- 1 žlica olivnega olja
- 1 šalotka; narezan na kocke
- 1 strok česna; mleto
- 1 skodelica riža Arborio; splaknjen
- 2 skodelici piščančje juhe
- 1½ žlice naribanega parmigiana-reggiana
- Rukola
- ¼ skodelice belega vina

navodila:

a) V veliko skledo dajte vodo, sladkor in kis. Dodamo na kocke narezan mango. Pokrijte s plastično folijo.

b) Kisajte čez noč v hladilniku najmanj 4 do 6 ur.

c) V srednje velikem loncu segrejte olivno olje na srednjem ognju. Dodamo šalotko in pražimo, dokler ne postekleni, približno 2 minuti. Dodamo česen, pražimo še eno minuto. Dodajte riž, premešajte, da se prekrije. Pražite približno 1 do 2 minuti.

d) Dodajte piščančjo osnovo in zavrite ter premešajte, da se združi. Lonec pokrijte s tesno prilegajočim pokrovom. Odstranite z ognja. Pustite, da riž vpije tekočino, približno 25 minut.

e) Ponev, v kateri se je pekla raca (glejte Na sol sušene račje prsi), segrejte na srednje močnem ognju. Rižoto dodamo v segreto ponev z račjo maščobo.

f) Vložen mango zmešajte z nekaj tekočine za vlaganje, naribanim parmezanom, pestjo rukole in vinom.

g) Med stalnim mešanjem pražimo 2 do 3 minute. Odstranite z ognja. Služi 4.

95. Jagodna rižota

Dobitek: 4 porcije

Sestavine:

- 2 skodelici mleka
- 2 skodelici kokosovega mleka
- ½ skodelice sladkorja
- 1 vanilijev strok, prepolovljen
- 2 trakovi limonine lupine
- 2 žlici masla
- ⅔ skodelice riža Arborio
- ½ skodelice težke smetane
- 1 skodelica narezanih jagod
- Rahlo opečen kokos v kosmičih
- Rahlo popečeni narezani mandlji

navodila:

a) V ponvi zmešajte mleko, sladkor, vanilijev strok in limonino lupinico ter segrevajte, dokler ni zelo vroče in se okoli robov ponve pojavijo mehurčki. Zmanjšajte toploto in hranite na toplem.

b) Medtem v drugi kozici stopimo maslo. Ko se penjenje umiri, dodajte riž Arborio in premešajte, da se pokapa z maslom.

c) Dodajte vrelo mleko, ½ skodelice naenkrat in močno mešajte. Pustite, da se vsak dodatek absorbira, preden dodate več. Uravnavajte toploto, da se mleko absorbira ob hitrem vrenju.

d) Vmešajte smetano skupaj z zadnjim dodatkom mlečne mešanice in kuhajte, dokler se delno ne absorbira. Odstranite z ognja in vmešajte jagode, prihranite nekaj popolnih rezin za okras. Postrezite v plitvih skledicah, potresenih s kokosom in mandlji.

96. Palačinke z jagodno rižoto

Dobitek: 1 porcija

Sestavine:

- Jagode; sesekljan
- Riž arborio
- Sesekljana čebula
- maslo
- Kokosovo mleko
- smetana
- Zelenjavna zaloga
- Belo vino
- Pripravljene palačinke
- sladkor
- maslo
- limona
- Pomaranče
- Apno
- Žganje

navodila:

a) V vročo ponev dajte nekaj masla. Dodamo oljčno olje, čebulo in pražimo do rjave barve, nato dodamo riž in prepražimo.

b) Dodamo belo vino, jagode in zelenjavno osnovo. Dobro premešamo. V majhni ponvi segrejte še nekaj jagod in dodajte sladkor in žganje. Dodajte to rižoti z nekaj dodatnega masla, kokosovega mleka in smetane.

Palačinke:

c) V ponvi segrejte nekaj masla in dodajte sladkor, limonin, pomarančni sok in pustite, da porjavi. Palačinke dajte v mešanico in jih prelijte z lupinico limon, pomaranč in limet.

d) Dodajte žganje in flambirajte, nato dodajte pomarančni in limonin sok.

e) Postrezite z malo kokosovega sladoleda.

97. Rižota z bučo in jabolkom

Dobitek: 8 obrokov

Sestavine:

- 2 skodelici pečene buče; pire
- 2 skodelici jabolčnega jabolčnika; ali jabolčni sok
- 2 žlici olivnega olja; razdeljen
- 2 skodelici riža Arborio
- 2½ skodelice tople vode; razdeljeno, do 3 skodelice
- ½ skodelice sesekljane čebule
- ½ skodelice olupljenih jabolk; posejana in narezana na kocke
- ¼ skodelice pečene rdeče paprike; olupljen, brez semen in narezan na kocke
- ½ Scotch bonnet čilija; brez semen in zmletega ALI 1 čajna žlička pekoče omake v steklenici
- ¼ skodelice praženega poblano čilija; olupljen, brez semen in narezan na kocke
- ½ čajne žličke mletega cimeta

- ¼ čajne žličke mletega pimenta
- 2 žlici svežega majarona
- 1 čajna žlička soli
- ¾ čajne žličke sveže mletega črnega popra
- ¼ skodelice oluščenih bučnih semen

navodila:

a) Postavite 1 skodelico bučnega pireja v ponev z jabolčnikom ali sokom. Pustite, da zavre, kuhajte, dokler ni vroče, približno 2 minuti. Odstavimo, hranimo na toplem.

b) V ločeni ponvi segrejte polovico olja na srednje nizkem ognju. Dodajte riž; pražite, dokler ni vsako zrno prevlečeno z oljem. Vmešajte 2 skodelici vroče vode; zavrite. nadaljujte s kuhanjem in mešanjem, dokler se večina vode ne absorbira.

c) Dodajte mešanico buče in jabolčnika po ¼ skodelice naenkrat, izmenično s preostalo vročo vodo, med vsakim dodatkom mešajte in počasi kuhajte, dokler se tekočina ne vpije in je riž al dente, približno 20 minut. Odstranite z ognja; hraniti na toplem.

d) V srednji ponvi segrejte preostalo olje na srednje nizkem ognju. Pražite čebulo do mehkega, približno 2 minuti. Dodajte jabolko; kuhajte še 1 do 2 minuti. Vmešamo papriko, čili, suhe začimbe in preostali bučni pire.

e) Mešanico vmešajte v vroč riž. Tik pred serviranjem vmešajte bučna semena in prilagodite začimbe. Za 8 do 10 obrokov.

98. Rižota z okusom pomaranče

Dobitek: 4 porcije

Sestavine:

- 1 srednja čebula, sesekljana
- 2 žlici rastlinskega olja
- 1 skodelica rjavega riža
- 4 skodelice zelenjavne osnove
- 1 funt trdega tofuja, narezanega na trakove
- 1 majhen vodni kostanj v pločevinki, odcejen, opran in narezan na tanke rezine
- ½ skodelice rozin
- 2 žlički tamarija
- 1 pomaranča, iztisnjen sok in naribana lupinica
- 1 črtica cimeta
- 2 žlici sesekljanega peteršilja
- Sol in poper, po okusu
- 4 žlice indijskih oreščkov

navodila:

a) Čebulo na zmernem ognju med občasnim mešanjem pražimo 2 do 3 minute. Vmešajte riž in kuhajte 1 minuto. Prilijemo osnovo, pokrijemo in zavremo. Zmanjšajte ogenj in kuhajte 40 minut.

b) Medtem ko se riž kuha, zmešajte lističe tofuja, vodne kostanje, rozine, tamari, pomarančno lupinico in sok. Dodajte cimet in peteršilj. Odložite.

c) Ko je riž kuhan, vmešajte mešanico tofuja in rahlo segrejte. Začinite s soljo in poprom. Postrezite vroče, okrašeno z oreščki.

99. Rižota z breskvami in rozinami

Dobitek: 4 porcije

Sestavine:

- 2 paketa zamrznjenih breskev v sirupu
- Odmrznjen (10 oz vsak)
- 4 žlice nesoljenega masla oz
- Margarina
- ½ skodelice ribeza
- 1 skodelica riža Arborio
- 2 žlici temnega ruma
- 2 žlici granuliranega sladkorja
- ½ skodelice težke smetane
- Rjavi sladkor

navodila:

a) Breskve odcedite, sirup pa prihranite. Breskve narežite na ½-palčne koščke. V srednje veliki ponvi zmešajte sirup z dovolj vode, da merite 4 skodelice.

b) Zavremo in pustimo vreti na zmerno nizkem ognju. V veliki nereaktivni kozici ali ognjevarni ponvi stopite 2 žlici masla na zmernem ognju.

c) Dodamo ribez in kuhamo 2 minuti. Dodajte riž in mešajte 1-2 minuti, dokler ni dobro prekrit z maslom in rahlo prosojen. Dodamo rum in kuhamo toliko časa, da izhlapi.

d) Dodamo ½ skodelice kuhanega sirupa in med stalnim mešanjem kuhamo, dokler riž ne vpije večine tekočine. Po potrebi prilagodite toploto, da ohranite vrenje.

e) Postopoma dodajajte sirup, ½ skodelice naenkrat, kuhajte ob stalnem mešanju, dokler riž ne zmehča. Dodajte granulirani sladkor, prihranjene breskve in smetano.

f) Nadaljujte s kuhanjem, mešanjem in dodajanjem sirupa, kot je potrebno, ¼ skodelice naenkrat, dokler riž ni mehak, a še vedno čvrst in vezan s kremasto omako, 3-6 minut dlje.

g) Vmešajte preostali 2 žlici masla in takoj postrezite. Ločeno pretlačimo skledo rjavega sladkorja.

100. Citrusova rižota

Dobitek: 2 porciji

Sestavine

- ½ žlice olivnega olja
- 1 strok česna
- ½ čebule
- ¾ skodelice kratkozrnatega riža
- 1 čajna žlička naribane limonine lupinice
- 1 čajna žlička naribane pomarančne lupinice
- ⅛ skodelice limoninega soka
- ¼ skodelice pomarančnega soka
- 1¾ skodelice vroče zelenjave. zalogo ali vodo
- ½ žlice nastrgane pomarančne lupine
- ½ žlice naribane limonine lupinice

navodila:

a) V veliki ponvi segrejte olje. Dodamo česen in čebulo ter kuhamo na majhnem ognju 2-3 minute. Vmešajte riž in pazite, da so zrna dobro prevlečena z oljem.

b) Dodamo naribano limonino in pomarančno lupinico, sokove, osnovo ali vodo.

c) Zavremo, nato zmanjšamo ogenj, da zavre.

d) Pokrijte in kuhajte 25 minut oziroma dokler se riž ne zmehča.

e) Na servirno mesto položite riž, okrasite ga z nastrgano pomarančno in limonino lupinico.

f) Postrezite takoj

ZAKLJUČEK

V VSAKI RASTLINKI je od 100 do 200 zrn riža. Je žito in tako kot vsa žita je sestavljeno iz škroba, ki je v bistvu ogljikov hidrat. Zaradi tega je zelo hranljiv, saj je poln beljakovin, vitaminov, mineralov in vlaknin ter je lahko prebavljiv. Vendar pa za razliko od drugih

RIŽ? žitarice, riž ne vsebuje glutena, zato je idealen za celiakijo in tiste, ki trpijo za intoleranco za pšenico.

www.ingramcontent.com/pod-product-compliance
Lightning Source LLC
Chambersburg PA
CBHW070458120526
44590CB00013B/685